Dinâmicas de grupo

da teoria à prática

Dados Internacionais de Catalogação na Publicação (CIP)
(Jeane Passos de Souza - CRB 8ª/6189)

Gattai, Maria Cristina Pinto
Dinâmicas de grupo: da teoria à prática / Maria Cristina P. Gattai.
- São Paulo : Editora Senac São Paulo, 2014.

Bibliografia
ISBN 978-65-5536-525-2 (Venda internacional)

1. Dinâmicas de grupo I. Título.

14-204s CDD-302.3

Índice para catálogo sistemático:

1. Dinâmicas de grupo 302.3

Dinâmicas de grupo

da teoria à prática

Maria Cristina P. Gattai

Editora Senac São Paulo – São Paulo – 2014

Gerente/Publisher: Jeane Passos de Souza (jpassos@sp.senac.br)
Coordenação Editorial/Prospecção: Luís Américo Tousi Botelho (luis.tbotelho@sp.senac.br)
Dolores Crisci Manzano (dolores.cmanzano@sp.senac.br)
Administrativo: grupoedsadministrativo@sp.senac.br
Comercial: comercial@editorasenacsp.com.br

Edição de Texto: Juliana Muscovick
Preparação de Texto: Aracelli Lima
Revisão de Texto: Heloisa Hernandez (coord.), Asa Assessoria e Comunicação
Projeto Gráfico, Capa e Editoração Eletrônica: Antonio Carlos De Angelis
Ilustração da Capa: NLShop / iStockphoto®

Editora Senac São Paulo
Rua 24 de Maio, 208 – 3º andar – Centro – CEP 01041-000
Caixa Postal 1120 – CEP 01032-970 – São Paulo – SP
Tel. (11) 2187-4450 – Fax (11) 2187-4486
E-mail: editora@sp.senac.br
Home page: http://www.livrariasenac.com.br

Sumário

Nota do editor

Um grupo pode ser definido pela associação de pessoas e a presença da ação interativa entre elas. Para o psicólogo Kurt Lewin, grupo é a interdependência entre os indivíduos e as variáveis que intervêm em seu funcionamento; em um grupo livre e solidário, uma decisão grupal será mais importante que uma individual. Já para o filósofo Émile Durkheim, grupo é a colocação em comum de representações (percepções e ideias), sentimentos e vontades, porém, para que se caracterize como tal, as representações devem controlar os demais itens.

Muitas são as implicações a respeito de uma palavra tão pequena, porém tão ampla de significados e processos dinâmicos que a envolvem dependendo do contexto e do perfil de seus integrantes. Hoje, por exemplo, é comum se associar o termo ao processo adotado pelas empresas em alguma das etapas de seleção de candidatos, a fim de determinar como cada um dos concorrentes se comporta em grupo, além de funcionar como uma espécie de filtro para escolher o tipo procurado – se criativo, empreendedor, líder, entre outros. Vale lembrar, no entanto, que as dinâmicas de grupo podem ser adotadas em diversos outros contextos, como na resolução de problemas em empresas ou em projetos sociais e educacionais.

Nesta obra de Cristina Gattai, dividida em duas partes, o conceito de dinâmica de grupo é explorado pelo viés teórico e prático. No primeiro momento, apresenta algumas das teorias a respeito do tema, esmiúça as dimensões e os tipos de grupos e dinâmicas, o papel do facilitador, e ensina como planejar uma sessão de dinâmica de grupo. Na segunda parte são apresentados exemplos práticos de intervenções nas áreas de saúde, educacional e organizacional realizados pela própria autora, especialista em psicologia social e em dinâmicas de grupo.

Direcionado a profissionais e estudantes das áreas de gestão de pessoas, gestão de recursos humanos, administração e psicologia, *Dinâmicas de grupo: da teoria à prática* é uma publicação do Senac São Paulo que pretende servir como fonte de pesquisa sobre a teoria das dinâmicas grupais e sua aplicabilidade em diversas situações.

Introdução

Segundo Zimerman (*apud* Osório, 1997), todo ser humano é gregário por natureza, existindo em função dos seus relacionamentos e dos grupos dos quais participa. Vários são os papéis assumidos durante sua vida, sendo o profissional apenas um deles, e diversos são os grupos dos quais participa, sendo o do trabalho também apenas um deles. Ao nascer, o indivíduo pertence a um primeiro grupo, que é o da família nuclear; depois, passa a participar de outros grupos, como o da escola, do trabalho, do círculo social, da igreja, da academia, entre outros. Assim, torna-se fundamental perceber a dinâmica de funcionamento dos grupos para compreender o comportamento das pessoas e como grupos e indivíduos se influenciam reciprocamente.

Para entender por que os participantes do grupo se comportam dessa ou daquela maneira, e como esse comportamento afeta a dinâmica grupal, é preciso conhecer seus fundamentos teóricos. A pretensão deste livro não é esgotar o assunto abordado, mas apresentar uma ferramenta indicativa ou orientadora de um caminho a seguir, abordando principalmente o conceito de grupo, sua história, principais pensadores, como eles funcionam e metodologias de trabalho por meio da aplicação de técnicas de dinâmicas de grupo. Também serão apresentados o papel e a postura do facilitador e os cuidados a serem tomados no planejamento de uma sessão de intervenção baseada em dinâmicas de grupo.

Mas dinâmica de grupo não se refere apenas ao estudo do funcionamento dos grupos. Desde 1930, esse termo vem sendo associado à metodologia de trabalho com diferentes grupos de pessoas não somente da área terapêutica, mas também nas organizações por meio da área de Recursos Humanos (RH), notadamente em seus processos de seleção, treinamento e avaliação de pessoas.

A ideia de escrever um livro sobre dinâmica de grupos surgiu da necessidade de explorar esse tema sob os enfoques teórico e prático, apresentando uma visão mais abrangente da utilização de técnicas de dinâmica de grupo em intervenções psicossociais.

O enfoque teórico aborda a definição de grupos, sua importância no campo da ciência e o resgate de sua história. Explora também as três dimensões da dinâmica grupal: a ideológica, cujo enfoque recai nos estudos sobre estilos de liderança; a tecnológica, com ênfase na aplicação de dinâmicas de grupo, um conjunto de métodos e técnicas usados em intervenções nos grupos; e a fenomenológica, cuja maior preocupação é o estudo dos fenômenos psicossociais, com apresentação das principais teorias de grupos como as de Kurt Lewin, Robert Bales, William Schutz, Pichon-Rivière e Wilfred Bion.

Com base na compreensão do conceito de grupos, se apresentam os dois planos em que eles trabalham (manifesto e latente), com uma discussão entre os conceitos de conteúdo e processo grupal. Então, são explorados os papéis desempenhados pelos membros dos grupos, as etapas de desenvolvimento dos grupos e seu funcionamento.

Em seguida, é feita uma discussão sobre a andragogia (ciência que estuda a forma como os adultos aprendem), enfatizando a importância de se reconhecer os estilos de aprendizagem, de David Kolb. Essa discussão tem como mote a apresentação do Ciclo de Aprendizagem Vivencial (CAV), importante metodologia utilizada para o aprofundamento dos conteúdos e processos grupais com vistas ao maior desenvolvimento do grupo.

Na segunda parte do livro, a prática, são abordados o papel e a postura que um profissional que atua como facilitador de dinâmicas de grupo deve possuir.

São apresentadas as várias formas de classificação das dinâmicas, baseadas nos seus objetivos de aplicação, dando certa ênfase no que pode ser observado no grupo e no comportamento individual a partir da aplicação da própria dinâmica.

A partir do que foi discutido sobre o papel e a postura do facilitador de grupos e da classificação das dinâmicas, é possível discorrer sobre as etapas do planejamento de uma sessão de dinâmica de grupo, ressaltando a importância de fatores como: o adequado diagnóstico de necessidades do grupo; o estabelecimento dos objetivos a serem alcançados com a intervenção; a influência de fatores internos e externos que afetam os grupos; as etapas e a duração de uma sessão de dinâmica de grupo; a avaliação de uma sessão de intervenção. Além disso, são também apresentados alguns exemplos de intervenções realizadas pela autora.

PARTE 1

Dinâmicas de grupo: a teoria

1. O grupo e seus teóricos

O termo "grupo" tem sua origem na palavra italiana *groppo* ou *gruppo.* No século XVIII, o termo *groppo scultorico* (forma artística do Renascimento) foi utilizado para designar um conjunto de pessoas esculpidas ou pintadas significando uma reunião de pessoas.

Para o socialista francês Charles Fourier (*apud* Baremblitt, 1986), grupo é uma colocação em comum de paixões. Se essa colocação é desordenada, anárquica, tumultuada, o grupo só pode se manter e trabalhar por meio de opressão exterior.

Para Émile Durkheim (*apud* Mailhiot, 1991), filósofo francês, grupo é a colocação em comum de representações, sentimentos e volições. Nos grupos, assim como nos indivíduos, as representações (isto é, as percepções e as ideias) devem controlar os sentimentos e comandar as volições.

Já para Jacob Moreno (*apud* Minicucci, 1991), grupo é a colocação em comum das simpatias e antipatias, e sua correspondente distribuição conforme a sociometria.

Para Elton Mayo (*apud* Álvaro & Garrido, 2006), grupo é uma mentalidade comum, com suas normas e lógica próprias. Caracterizado por um forte sentimento de pertinência ao grupo entre seus membros, o grupo lidera as possibilidades individuais e facilita sua realização em proveito dos interessados, assim como das organizações que os empregam.

O alemão Kurt Lewin (1965) define o termo como a interdependência entre os indivíduos e as variáveis que intervêm em seu funcionamento. Para Lewin, em um grupo livre e solidário, uma decisão grupal será mais importante que uma individual, pois o que estimula as pessoas no grupo é o sentimento de pertinência a ele, que, como resposta, modificará os hábitos individuais.

Conforme Minicucci (1991), para Robert Freed Bales, um grupo necessita de uma série de comunicações entre os membros reunidos face a face para discutir questões, que progride por uma colocação em comum das percepções que cada um tem de si e dos outros.

O filósofo e psicanalista francês Didier Anzieu (*apud* Baremblitt, 1986) conceitua grupo como a associação de pessoas que compartilham algum objetivo comum.

Para Theorore Mills, grupo pode ser definido como uma unidade composta:

> de duas ou mais pessoas que entram em contato para determinado objetivo, e que consideram significativo o contato e representam não apenas microssistemas, mas são, também, fundamentalmente, microcosmos de sociedades mais amplas. (1970, p. 73)

Osório (1997) define grupo como um conjunto de pessoas em uma ação interativa com objetivos compartilhados.

Um grupo é formado por um conjunto de pessoas. A comunidade é formada por um conjunto de grupos e a sociedade é o conjunto interativo de várias comunidades. Para que haja a formação do grupo são necessárias uma ação interativa e o aspecto relacional entre os membros que o compõem. Nesse sentido, um agrupamento como uma fila de ônibus, por exemplo, não se caracteriza como grupo, pois não há interação e relacionamento interpessoal entre as pessoas.

As pessoas só permanecem integradas em um grupo se este lhes proporcionar a satisfação de certas necessidades interpessoais fundamentais que, de acordo com Schutz (1974), são necessidades de inclusão, de controle e de afeição.

Sobre as teorias de grupos, nos últimos sessenta anos surgiram várias abordagens, como a da capacitação profissional, da pedagogia moderna, das oficinas criativas, da gestão de participação social, das políticas de saúde, da educação sexual, dos projetos de investigação, das intervenções comunitárias, do campo clínico (fins psicoterapêuticos). Essas abordagens se apoiam em vários referenciais teóricos; e como transitar por essa ampla diversidade teórica? Segundo Ana María Fernández (2006), cada teoria apresenta seus visíveis, e aquilo que ela não dá conta de esclarecer – seus invisíveis – passa a ser explicado por outras teorias. Nesse sentido, pode-se afirmar que as teorias se completam e, por se completarem, cabe ao profissional de grupos aproveitar o que as várias teorias têm a oferecer.

2. As três dimensões da dinâmica grupal: ideológica, fenomenológica e tecnológica

Apesar da vasta produção teórica sobre dinâmica de grupos, evidencia-se a existência de três vertentes de compreensão desse campo de estudo: a ideológica, a fenomenológica e a tecnológica.

A vertente ideológica (ideologia política) estuda as formas de organização e direção dos grupos, os tipos de liderança, a participação dos membros nas discussões e as atividades cooperativas dos grupos. Dessa concepção verificam-se duas linhas de pensamento e ação: uma, idealista; outra, pragmática. A linha idealista foi especialmente defendida por Jacob Levy Moreno em seu amplo Sistema Socionômico formado por comunidades baseadas no amor espontâneo, na generosidade, na santidade, na bondade positiva e na cooperação pura. Para estruturar essas comunidades, Moreno (*apud* Minicucci, 1991) propôs as técnicas sociométricas. Por meio delas uma pessoa poderia decidir, de maneira consciente e livre, sobre sua participação em um grupo social qualquer. A linha pragmática foi muito estudada por Kurt Lewin, principalmente com suas pesquisas sobre o fenômeno da boa liderança.

A vertente fenomenológica é o campo de pesquisa que considera como se formam os grupos, como eles se desenvolvem e se mantêm, quais são e como se aplicam as leis que os regem. Considera, ainda, as relações dos grupos com outros indivíduos, grupos e instituições. Para os autores dessa vertente, os fenômenos psicossociais que ocorrem nos pequenos grupos são resultado de um sistema humano articulado como um todo, uma *gestalt*. Entre esses fenômenos, destacam-se: coesão, comunicação, conflitos, formação de lideranças, etc. Nessa vertente fenomenológica observam-se duas formações teóricas: a psicologia da *gestalt* e a psicanálise.

A primeira é descritiva, focalizando seus estudos na descrição dos fenômenos que ocorrem no aqui e agora do mundo grupal. O grande impulsionador da dinâmica grupal foi Kurt Lewin (1970), que, com sua teoria de campo para explicar as interações humanas, baseando-se nos princípios da topologia (ramo da geometria que trata das relações espaciais sem considerar a mensuração quantitativa), estabeleceu uma teoria dinâmica da personalidade centrada na ideia de campo psicológico que mantém interpendência com múltiplas forças sociais (forças restritivas e forças impulsionadoras). Utiliza conceitos retirados da física do campo magnético para descrever os fenômenos da "existencialidade" social do ser humano como: coesão, locomoção em direção a objetivos, procura de uniformidade, atração e equilíbrio de forças; e a partir de tais conceitos concebe a ideia do grupo como um todo dinâmico, uma *gestalt* que não é só resultado da soma dos seus integrantes, mas é, de modo geral, possuidora de propriedades específicas. Para Lewin, esse grupo como uma totalidade dinâmica busca formas de equilíbrio no seio de um campo de forças sociais, sendo isso, por exemplo, o que explica a emergência de lideranças, fenômenos que aparecem como que reunindo um campo social de alto privilégio, e funciona como centro de atração de todos os movimentos coletivos.

A psicanálise procura explicar a unidade do grupo pela ideia de uma "mentalidade grupal" (instinto social), muitas vezes inconsciente para os membros do próprio grupo. A utilização dos postulados da psicanálise para explicar a dinâmica grupal foi inicialmente tentada por Freud. Para ele, quando as pessoas se organizam em grupos, surgem fenômenos como expressão de um instinto especial denominado *instinto social*, sendo possível descobrir os primórdios da evolução desse instinto no círculo familiar.

Outros representantes dessa vertente são Wilfred Bion, para quem o grupo funciona em muitas oportunidades como uma unidade, ainda que seus membros a isso não se proponham nem disso tenham consciência; e Enrique Pichon-Rivière (2000), psicanalista argentino que desenvolveu a teoria e técnica do Grupo Operativo, que define grupo como um conjunto de pessoas ligadas entre si por constantes de tempo e espaço, e articuladas por sua mútua representação interna, que se propõe, de forma explícita ou implícita, a uma tarefa que constitui sua finalidade. Nessa definição, Pichon-Rivière sintetizou as duas condições para a existência de todos os grupos humanos: a primeira, a frase "pessoas articuladas por sua mútua representação interna" pressupõe que essas pessoas tenham algo que as una num nível superior, isto é, quando as pessoas se somam sem, de fato, estabelecerem comunicações que as unam afetivamente, como acontece numa fila humana qualquer (em estabelecimento bancário, por exemplo); a segunda condição é a "tarefa que constitui sua finalidade".

A vertente tecnológica estuda a dinâmica de grupo enquanto conjunto de técnicas utilizadas em intervenções nos chamados grupos primários, como famílias, equipes de trabalho, salas de aula, etc. A rigor, o uso de qualquer uma dessas técnicas vivenciais objetiva aumentar a capacidade de comunicação e cooperação e, consequentemente, incrementar a espontaneidade e a criatividade dos seres humanos quando em atividade grupal. Todas elas podem, didaticamente, ser enquadradas em três variantes de intervenção: a dos jogos dramáticos, a do psicodrama e a das técnicas vivenciais (ou dinâmicas de grupo).

Os jogos dramáticos privilegiam o jogo espontâneo, muitas vezes sem regras preestabelecidas, para dinamizar a grupalidade humana. Essa variante de concepção da dinâmica grupal é mundialmente difundida pelo fato de que a necessidade lúdica do jogo é inerente ao crescimento e desenvolvimento humano, e também porque é especialmente aplicada na área da educação. Nos países anglo-saxônicos o jogo dramático espontâneo é uma atividade comum nas escolas de primeiro e segundo graus, sendo incluído na disciplina conhecida como teatro na educação, pois é reconhecido como um meio efetivo de aprendizagem tanto para o conteúdo das matérias quanto para a própria vida.

O psicodrama (e também o sociodrama) originou-se no Teatro Espontâneo ou Teatro da Improvisação fundado por Moreno, em Viena, em 1921. Do Teatro Espontâneo, que pretendia pôr fim à repetição da *conserva dramática* do teatro convencional e dos *clichês* de papéis, permitindo uma contribuição inteiramente criadora e espontânea para que assim pudesse desenvolver novos papéis, nasceu o psicodrama. Essa variante, que é centralizada na noção de papéis sociais e que enfatiza a ação corporal, tem sido utilizada de uma maneira muito especial no campo terapêutico. Para isso, foram desenvolvidas múltiplas técnicas direcionadas especialmente para treinamento de papéis (*role playing*) caracterizados como saudáveis. Entre as técnicas criadas por Moreno, as mais usadas são: solilóquios, inversão de papéis, duplos, espelhos, realização simbólica, psicodança.

Como técnicas vivenciais (também denominadas *dinâmicas de grupo* pelas áreas de recursos humanos das organizações) são ressaltadas as atividades que facilitam a sensibilização, a conscientização das pessoas, ao mesmo tempo que incentivam o indivíduo a ir em busca do autodesenvolvimento na vida pessoal, profissional e grupal, desde que utilizadas com o objetivo do autoconhecimento. Quando empregadas em processos seletivos, as técnicas vivenciais proporcionam à equipe de selecionadores um conhecimento maior de algumas competências que não seriam capazes de avaliar por meio do contato individual com o candidato. Dessa forma, criam um grupo em que essas técnicas são aplicadas com o objetivo único de avaliar algumas competências interpessoais.

Kurt Lewin começou a pesquisar grupos e a utilizar a expressão "dinâmica de grupo" com o objetivo de ensinar às pessoas comportamentos novos por meio desse recurso e de utilizar a discussão e estabelecer tomada de decisão em grupo, em substituição ao método tradicional de transmissão sistemática de conhecimentos. Toda atividade que se desenvolve com pessoas (reuniões, *workshops*, grupos de trabalho, grupos de crescimento ou treinamento, plenário/grandes eventos, etc., com o objetivo de integrar, desinibir, "quebrar o gelo", divertir, refletir, aprender, apresentar, promover o conhecimento, incitar à aprendizagem, competir e aquecer, pode ser denominada dinâmica de grupo. O simples encontro de pessoas para buscar qualquer objetivo grupal é uma dinâmica de grupo. É rápido, objetivo, eficaz para o que se propõe: aquecer, acender, ascender, "levantar" o grupo, descontrair. A expressão vitalizar sugere dar vida ou tornar vivo. A utilização de um vitalizador não caracteriza necessariamente que será gerado uma reflexão ou um aprendizado, porém, por serem feitos com e por pessoas, tudo é possível. Existem vitalizadores recreativos, competitivos ou puramente energizantes. O vitalizador deve ser o mais prático possível, podendo ou não serem utilizados materiais ou acessórios que venham demandar algum tempo de preparação ou elaboração prévia. Em geral, os recursos são as pessoas, o próprio facilitador e o ambiente.

O mundo das dinâmicas de grupo é muito amplo e inclui atividades lúdicas, exercícios corporais, jogos, simulações e estudos de caso. Por meio dessas vivências, as dinâmicas de grupo facilitam a tomada de consciência das atitudes, ampliam os horizontes de visão, estimulam a mudança atitudinal e comportamental não somente pela reflexão individual, mas também pela troca com integrantes do grupo.

3. Algumas teorias de dinâmicas de grupo

O termo *dinâmica de grupo* proposto por Kurt Lewin (1965) se refere ao estudo da dinâmica dos pequenos grupos e ao que se passa no interior deles, ou seja, aos fenômenos psicossociais característicos do grupo como tal. Dá-se também esse nome aos métodos de ação dos grupos ou em função deles. Esse termo tem dois sentidos principais: o conhecimento dos fenômenos específicos dos pequenos grupos (grupos restritos, primários), assim como das leis que regem a dinâmica desses; e o método de intervenção sobre os indivíduos (em grupo) ou sobre os grupos com o fim de obter uma "mudança" dos participantes ou do grupo como um todo. Neste caso a dinâmica é considerada terapêutica (Minicucci, 1991).

Da diversidade de teorias de grupos existente que explicam os fenômenos grupais, vale ressaltar a teoria de campo de Kurt Lewin, a teoria interacionista de Bales, a teoria das necessidades interpessoais de Schutz, a teoria dos grupos operativos de Pichon-Rivière e a teoria das suposições básicas de Bion.

Teoria de campo de Kurt Lewin

Kurt Lewin nasceu em 9 de setembro de 1890, na Prússia. Graduou-se em química, física, filosofia e psicologia nas Universidades de Friburgo,

Munique e Berlim. Foi à guerra em 1914 e em 1921 tornou-se professor de psicologia da Universidade de Berlim. Em 1933 deixou a Alemanha por ser judeu, refugiando-se nos Estados Unidos. Interessou-se em desenvolver uma teoria do conjunto do comportamento individual e em elaborar modelos teóricos que permitam renovar a experimentação e a exploração dos fatos psíquicos. Em 1945 fundou o Centro de Pesquisas em Dinâmica de Grupos do Massachusetts Institute of Technology (MIT). Morreu em 12 de fevereiro de 1947, em sua residência em Newtonville.

Foi responsável pelo desenvolvimento de várias teorias, porém duas merecem uma atenção especial: a teoria de campo de forças e a teoria das três etapas.

Em sua teoria de campo, Lewin se baseia em duas premissas: o comportamento humano é consequência da totalidade dos fatos coexistentes; a coexistência cria um *campo dinâmico*, no qual qualquer parte desse campo depende de todas as demais partes. Nesse sentido, os fatos são mutuamente interdependentes.

O comportamento humano não depende somente de sua história passada ou de seu futuro, mas principalmente do campo dinâmico atual e presente, que Lewin denominou de espaço de vida. Espaço de vida é formado pelo indivíduo, pelo meio psicológico e como esse meio existe para o indivíduo num determinado momento. Da relação entre esses três elementos (indivíduo, meio, e como o meio existe para o indivíduo) é que surge o comportamento.

O espaço de vida de um grupo é formado por seus elementos mais o meio em que vivem, num determinado tempo. São três as características que definem o grupo: existência (o comportamento é função da pessoa e do meio), interdependência (de seus membros) e contemporaneidade (só os eventos do momento presente podem ter efeito em um determinado momento).

Os indivíduos participam de vários espaços de vida, por exemplo, família, escola, trabalho e igreja, e esses espaços foram construídos sob a influência de campos de forças opostas.

O campo de forças opostas é formado por todas as forças ativas (internas ou externas) que contribuem para determinar um nível de atividade específico do grupo. Essas forças atuantes são de dois tipos: as forças impulsoras (que tendem a elevar o nível de atividade do grupo) e as forças restritivas (que tendem a diminuir o nível de atividade do grupo). A tabela a seguir apresenta exemplos de forças impulsoras e restritivas.

TABELA 1. EXEMPLOS DE FORÇAS IMPULSORAS E RESTRITIVAS

IMPULSORAS	RESTRITIVAS
AMBIENTAIS	
• Recursos suficientes • Equipamento adequado • Instalações confortáveis • Ambiente prazeroso • Tempo disponível • Isolamento/privacidade	• Pressões normais externas • Horário rígido • Interferências/interrupções • Equipamento falho • Tamanho do grupo • Ambiente desagradável
GRUPAIS	
• Motivação • Cordialidade • Aceitação de diferenças individuais • Ritmo das atividades • Liderança • Confiança recíproca • Espontaneidade • Interdependência	• Defensividade • Apatia • Hostilidade • Dependência do coordenador • Normas ambíguas • Silêncio • Desorganização • Subgrupos
INDIVIDUAIS	
• Empatia • Competência do coordenador • Suporte emocional • Busca de informações • Troca de experiências • Inovação • Ouvir o(s) outro(s) • Facilidade de comunicação	• Objetivos conflitantes • Dominação/manipulação • Rigidez/intransigência • Timidez • Disputa pelo poder • Alianças em duplas/trios/subgrupos • Evasão • Divergências pendentes

Fonte: Moscovici, Fela (2008, pp. 236-237).

O nível de atividade mantém-se relativamente constante devido à estabilidade entre a intensidade total das forças opostas (impulsoras e restritivas), caracterizando o equilíbrio quase estacionário do grupo e impedindo que ele se desenvolva mais. Para alterar a estabilidade quase estacionária do grupo, três alternativas se colocam: aumentar a intensidade das forças impulsoras; diminuir a intensidade das forças restritivas ou, ainda, identificar as forças latentes ou neutras que existem na situação ou fora dela e que podem atuar como forças impulsoras caso venham a ser mobilizadas.

Lewin desenvolveu também a teoria das três etapas (descongelamento, mudança e recongelamento), teoria que promove mudanças de comportamento. Essa mudança, que deve ser planejada, inclui procedimentos individuais e de grupo. Mudança significa a transição de uma situação para outra; envolve transformação, interrupção, ruptura, que podem ser mais ou menos intensas dependendo da profundidade da mudança. Segundo Kurt Lewin, o processo de mudança se dá em três etapas: descongelamento, mudança e recongelamento.

- **DESCONGELAMENTO.** Do nível presente. Caracteriza-se pela fase inicial da mudança. Para Lewin, como o comportamento humano está baseado num equilíbrio quase estacionário, suportado pelo complexo campo de forças impulsoras e restritivas, é necessário descartar os velhos comportamentos para que novos sejam adotados e esse equilíbrio possa ser desestabilizado. Esse momento se caracteriza na fase inicial da mudança em que velhas crenças, ideias e práticas são abandonadas e desaprendidas. Representa abdicar do padrão usual de comportamentos em favor de um novo padrão.
- **MUDANÇA.** O descongelamento cria a motivação e propicia condições para uma nova aprendizagem, possibilitando a mobilidade para um novo nível em que novas ideias e práticas são experimentadas e aprendidas em função da descoberta e adoção de novas atitudes, valores e comportamentos. Esse processo se dá pela identificação da eficácia de novas atitudes e comportamentos, e pela internalização dessas novas ações como parte de seu padrão normal de comportamento. Essa fase se caracteriza, portanto, pela aprendizagem de

novas ideias e práticas, levando os indivíduos a pensarem e agirem de uma nova maneira.

- **RECONGELAMENTO.** Essa fase visa assegurar que os novos comportamentos estejam protegidos de uma regressão. É a etapa final em que as novas crenças e valores são incorporados definitivamente ao comportamento, de modo que ele se torne a nova norma de conduta. O recongelamento significa que o padrão aprendido foi incorporado à prática atual. Para que ele ocorra, os novos comportamentos precisam ser congruentes com o ambiente de aprendizagem, caso contrário ele conduzirá a um novo círculo de desconformação.

Para Lewin (1965), a mudança bem-sucedida deve ser compreendida como uma atividade do grupo, pois somente as mudanças nos comportamentos individuais não propiciarão a sustentação necessária.

Teoria interacionista de Robert Freed Bales

Robert Bales foi professor de relações sociais e diretor do Laboratório de Relações Sociais da Universidade de Harvard. Sua pesquisa ficou centralizada na interação interpessoal de pequenos grupos. Influenciado pela teoria de campo de Kurt Lewin, acompanhou pequenos grupos e documentou padrões recorrentes de suas interações. Sua teoria da Análise dos Processos de Interação (Interaction Process Analysis – IPA) está baseada em três dimensões das interações grupais (in Minicucci,1991, pp. 83-93):

a) **DOMÍNIO OU SUBMISSÃO:** o membro do grupo é ativo, extrovertido e falante ou é passivo, quieto e introvertido? O membro do grupo é dominador ou submisso no grupo?
b) **AMIGÁVEL OU DE POUCOS AMIGOS:** esse membro do grupo é aberto, entusiasmado e positivo ou é fechado, apático e negativista?
c) **ACEITAÇÃO OU NÃO ACEITAÇÃO DE AUTORIDADE:** esse membro do grupo é analítico e orientado a tarefas ou é emocional e voltado para as relações?

Após várias pesquisas e observações realizadas em grupos diferentes em situações variadas, Bales propõe-se a estudar o grupo, tentando situar as intervenções verbais de cada um dos participantes com relação aos demais membros do grupo. Para o autor, uma intervenção verbal pode ser de quatro diferentes tipos, ou níveis, como ele próprio sugere:

- a intervenção expõe um fato, uma informação, por exemplo, "a mesa é quadrada";
- a intervenção formula uma opinião, uma avaliação, por exemplo, "essa mesa é pequena demais";
- a intervenção exprime uma direção, uma sugestão, por exemplo, "se mudássemos de mesa poderíamos trabalhar mais confortavelmente";
- a intervenção reflete um sentimento, uma tensão, por exemplo, "já que vocês não querem mudar de mesa, vou trabalhar sozinho naquele espaço".

Para Bales, sempre que alguém faz uma intervenção verbal, expressa um tipo de problema. Esses problemas, que estão presentes em todos os grupos, podem ser classificados em seis diferentes tipos: (1) problemas de informação, como falta ou excesso de dados; (2) de avaliação, como as superficiais, muito profundas ou mesmo a ausência de avaliação da situação problemática à qual o grupo vive; (3) de controle, como o excesso ou a escassez de controle das atividades do grupo ou mesmo a ausência ou o excesso de liderança no grupo; (4) de decisão, como dificuldade nas tomadas de decisão do grupo, a procrastinação ou a não tomada de decisões; (5) de tensão, com elevados níveis de tensão grupal aumentando o grau de ansiedade das pessoas que compõem o grupo; e (6) de integração, podendo o grupo apresentar dificuldade para integrar seus componentes.

Conforme a natureza dos grupos, esses problemas são mais ou menos importantes: por exemplo, em um grupo de trabalho, as fases de informações e trocas de opinião serão muito longas; enquanto em um grupo de amigos à procura de um filme para assistir à noite, a decisão a ser tomada é o mais importante. À medida que os membros se comunicam, solucionam os problemas básicos de forma que serão capazes de realizar as tarefas e construir solidariedade. A solução total dos problemas deve ser um equilíbrio dinâmico no qual o grupo oscila entre a ênfase na tarefa e uma deformação da solidariedade, ou o inverso (de acordo com a situação).

Para Bales, os grupos operam em duas áreas distintas: a área da tarefa e a área socioafetiva. A área da tarefa é aquela em que as trocas ocorrem no nível sócio-operatório e estão diretamente relacionadas com o objetivo ou a tarefa a ser desempenhada pelo grupo. Na área socioafetiva as trocas ocorrem no nível dos sentimentos, isto é, dos afetos dos componentes do grupo.

Considerando que os grupos enfrentam seis tipos de problemas, três deles se relacionam com a área da tarefa (informação, avaliação, controle) e três deles se relacionam com a área socioafetiva (decisão, tensão, integração).

É preciso compreender as intervenções de cada participante a partir desse modelo para estabelecer perfis de interações. Estes últimos mostram efetivamente que as intervenções de cada um diferem entre si qualitativa e quantitativamente. A maneira de intervir dos participantes (emissores ou receptores) esclarece, pois, a natureza das interações dentro do grupo.

Para Bales, as intervenções verbais dos membros de um grupo podem ser positivas ou negativas. Positivas no sentido de oferecerem algo para o grupo e negativas no sentido de retirarem ou solicitarem ao grupo. Nesse sentido, cada um dos seis problemas que o grupo enfrenta pode ser, ainda, positivo ou negativo. Se o problema estiver relacionado com a área socioafetiva, recebe a denominação reação positiva ou reação negativa; se o problema estiver relacionado com a área de tarefa, será resposta (portanto, positivo) ou pergunta (negativo). Assim, de acordo com a teoria interacionista de Bales, são doze as categorias das intervenções, assim distribuídas entre as áreas socioafetiva e de tarefa:

TABELA 2. CATEGORIA DAS INTERAÇÕES

ÁREA	RESPOSTA	PROBLEMA	CATEGORIA	COMPORTAMENTOS
Socioafetiva	Reação positiva	6. Integração	6. Demonstra solidariedade	6. Eleva o *status*, ajuda, é amistoso
		5. Tensão	5. Demonstra alívio, tensão	5. Ri, demonstra satisfação
		4. Decisão	4. Demonstra acordo	4. Aceita, compreende, concorda
Tarefa	Respostas	3. Controle	3. Dá sugestões	3. Dirige, conduz os outros
		2. Avaliação	2. Dá opiniões, avalia	2. Analisa, expressa
		1. Informação/Orientação	1. Dá orientação, informação	1. Orienta, repete, esclarece
Tarefa	Perguntas	1. Informação/Orientação	1. Pede informação	1. Pede orientação, repetição, explicação e esclarecimento
		2. Avaliação	2. Pede opinião, avaliação	2. Busca opinião, avaliação, análise
		3. Controle	3. Pede sugestão	3. Pede direção, formas de ação
Socioafetiva	Reação negativa	4. Decisão	4. Discorda, demonstra rejeição	4. Rejeita, recorre à formalidade, nega ajuda
		5. Tensão	5. Demonstra tensão	5. Mostra tensão, aumenta a tensão do grupo, coloca-se fora do grupo. É sério, encolhe-se
		6. Integração	6. Demonstra antagonismo	6. Rebaixa o *status* dos outros, defende-se, ataca, afirma-se contra, impõe, é hostil

Fonte: Adaptado de Bales (1950; in Minicucci, 1991, pp. 86-87).

Essas categorias de interações propostas por Robert Bales constituem um bom instrumento de observação e sensibilização aos tipos de interações vividos pelos membros do grupo.

A partir de suas observações de grupos, Bales verificou que os processos de interação reproduzem sempre as mesmas fases qualquer que seja o grupo, pois as trocas entre os indivíduos passam sempre pelo mesmo processo: fase de informações, fase de avaliação, fase de influência e finalmente fase de decisão.

Esses processos desenvolvem-se por meio de uma série de tensões e resoluções de conflitos que permitem ao grupo a passagem de uma fase à outra.

As intervenções diferem de modo qualitativo e quantitativo. Os membros que emitem mais são também os que recebem mais (as interações dirigem-se para os membros mais ativos e depois para o grupo em geral). Quanto maior o tamanho do grupo, maior a probabilidade de surgir uma figura central. O tipo de intervenção da figura central afeta o tipo de intervenção dos demais componentes do grupo. Se o líder tiver um perfil de interação mais avaliativo, o grupo tenderá a participar pouco e o líder, nesse caso, assumirá uma postura mais diretiva no grupo. Se seu perfil for mais informativo, o grupo tenderá a se envolver e participar mais, levando o líder a uma postura não diretiva.

O complexo processo de interação humana exige de cada participante um determinado desempenho, que varia em função da dinâmica de sua personalidade e da dinâmica grupal, incluindo nesse contexto a participação do líder. Esse desempenho individual afeta a dinâmica grupal assim como a dinâmica grupal afeta o desempenho do indivíduo. Esse processo de influência recíproca se dá em três planos:

a) **PLANO INTRAPESSOAL:** o indivíduo reage ao grupo em função de suas necessidades motivacionais, de seus sentimentos, de seu conjunto de crenças, valores, normas interiorizadas, atitudes, de suas habilidades específicas e de sua capacidade de julgamento do real;

b) **PLANO INTERPESSOAL:** na relação do indivíduo com os outros componentes do grupo, suas interações influenciam as emoções grupais, o próprio sistema de interação, o sistema normativo e a cultura de grupo;
c) **PLANO SITUACIONAL:** o contexto em que o grupo está inserido influencia o contexto físico, emocional e social imediato, o contexto cultural, o sistema contratado de relações e a dimensão temporal do grupo todo.

Os indivíduos no grupo desempenham papéis relacionados às categorias de interação que são assumidos formal ou informalmente no curso dos processos. Esses papéis assumidos com maior frequência tendem a caracterizar a atuação do indivíduo no grupo. No nível da tarefa, uma pessoa quase sempre inicia as atividades, propõe ou sugere maneiras de abordar as tarefas; outra pessoa sempre se preocupa com a qualidade dos resultados; outra atua mais como observadora, etc. Já no nível socioemocional alguns membros do grupo aliviarão habitualmente as tensões, outros mostrarão solidariedade ou discordância, outros ainda aumentarão a tensão existente no grupo.

A teoria proposta por Bales é ao mesmo tempo qualitativa e quantitativa. Para o autor, para que as interações de um grupo sejam adequadas, é necessário que apresente:

- 12% de reações negativas;
- 25% de reações positivas;
- 7% de perguntas;
- 56% de respostas.

Teoria das necessidades interpessoais de Schutz

William Schutz doutorou-se em psicologia, em 1951, pela Universidade da Califórnia, Los Angeles. Foi professor da Universidade de Harvard de 1954 a 1958, e pesquisador-associado do Departamento de Relações Sociais. Também foi psicólogo de pesquisa da Universidade da Califórnia, Berkeley, e professor de psiquiatria da Faculdade de Medicina da mesma universidade.

Para Schutz (1974; 1989), o ser humano tem necessidade de contato com outros seres humanos, pois somente por meio dessa interação ele consegue satisfazer suas necessidades internas de se sentir aceito, compreendido, incluído e integrado.

Essas necessidades são fundamentais porque todo ser humano, reunido em grupo, as sente, ainda que em níveis diferentes, e são de natureza interpessoal porque somente em grupo e pelo grupo elas podem ser atendidas adequadamente.

Segundo o autor, não há consentimento grupal para integração de seus membros enquanto algumas necessidades fundamentais das pessoas não forem atendidas pelo grupo.

Em seus estudos, Schutz identificou três necessidades interpessoais fundamentais: a necessidade de inclusão, a de controle e a de afeto. Essas necessidades emergem, na grande maioria dos membros de um novo grupo, numa sequência que possibilita, em tese, a identificação da fase que o grupo está vivendo.

De acordo com Schutz, o comportamento do indivíduo nessas fases é uma combinação de três tipos de comportamentos: o deficiente, o excessivo e o ideal. Eles vão ocorrendo à medida que as necessidades são ativadas e satisfeitas.

Fase de inclusão

Para que o grupo possa existir, deve definir-se como grupo. Os limites devem ser estipulados de modo a deixar claro quem está dentro do grupo e quem está fora dele. Em algumas tribos antigas e contemporâneas, os ritos de iniciação ou de passagem estabelecem a entrada do indivíduo como membro delas. Nos agrupamentos modernos existem cerimônias semelhantes: votar, pagar débitos, passar em testes, pertencer a uma certa estirpe, ter determinados pais, seguir determinados princípios. Seja qual for a técnica, o grupo é formado por meio de um procedimento específico que define a fase da inclusão. O desenvolvimento do grupo começa na sua formação. Enquanto membro de um novo grupo, o indivíduo quer descobrir primeiro onde se encaixa. Quando essas questões o deixam ansioso, sua tendência é manifestar comportamentos centrados nele mesmo: falar e/ou retrair-se excessivamente, exibir-se, expor a própria biografia. No transcorrer do processo de formação do grupo, as principais preocupações são as questões de transgredir ou não os limites do grupo, e de pertencer ou não a ele. Questões relativas a limites são problemas de inclusão.

Em outras palavras, inclusão significa a necessidade de ser considerado pelo outro, de sua existência no grupo ser de interesse dos outros. Nessa fase, cada indivíduo procura o seu lugar por meio de tentativas para identificar e estabelecer os limites de sua participação no grupo, como se mostrará ou que papel desempenhará nele. É uma fase de estruturação do grupo, de forma ativa e experimental, em que seus membros buscam ser pessoas distintas, isto é, ter uma identidade, o que constitui um aspecto essencial da necessidade de inclusão. Isso implica que o grupo, ou parte dele, está interessado na pessoa a ponto de distinguir suas características particulares. A falta de confiança no grupo dificulta a inclusão de alguns membros, assim como a não divulgação de suas reais situações emocionais para preservar a si mesmo é um artifício comum entre os membros, mas que pode dificultar o processo de inclusão.

Schutz afirma que somente em um clima de grupo em que as comunicações são abertas e autênticas, as necessidades interpessoais podem encontrar satisfações adequadas.

> A sensação de se estar excluído de um grupo, ou de não pertencer ao grupo mais desejável, ou de não ser completamente aceito é compartilhada pela maioria da humanidade. Trata-se de sensação tão aguda e desagradável que se torna objeto de muita negação e distorção. (1989, p. 81)

No início de um relacionamento em grupo, geralmente os indivíduos procuram mostrar-se uns aos outros somente nos aspectos que consideram ser socialmente consentidos pelos demais, pois desejam ser aceitos pelo grupo. Um membro sente-se incluído no grupo ao se perceber como um participante integral de cada uma das fases do processo de tomada de decisão e quando nota que sua falta é percebida no grupo.

Os comportamentos característicos dessa fase estão descritos na tabela a seguir.

TABELA 3. COMPORTAMENTOS CARACTERÍSTICOS DA FASE DE INCLUSÃO

Tipo	Comportamento	Características
Deficiente	Hipossocial	Quando o indivíduo, no plano consciente, deseja manter certa distância entre ele e o outro; no plano inconsciente, deseja que os outros lhe deem atenção e saibam que ele existe, embora mostre-se autossuficiente, apesar da tendência à introversão e ao afastamento do grupo.
Excessivo	Hipersocial	Nesse caso, o indivíduo, no plano inconsciente, tenta forçar os outros a prestarem atenção nele. Não suporta a solidão; busca compreender e, portanto, participa intensamente no grupo e tende à extroversão.
Ideal	Social	Num grupo, pode participar ou calar-se de acordo com as circunstâncias. Sente-se à vontade tanto só quanto com outras pessoas, e a interação não lhe traz nenhum problema. Sabe que tem valor próprio, sente-se uma individualidade e uma identidade, é capaz de interessar-se pelos outros e aspira que os outros o incluam no que fazem e pensam.

Schutz evidencia uma propriedade da relação interpessoal no que diz respeito às fases da necessidade de interação que é a compatibilidade pela qual o indivíduo satisfaz sua necessidade interpessoal e alcança uma coexistência harmoniosa.

- Compatibilidade recíproca, quando a expectativa de uma pessoa vai ao encontro da expectativa das outras.

- Complementariedade de iniciativa, quando há preferência por parte do indivíduo de que outra pessoa tome a iniciativa.
- Compatibilidade nas trocas, que é observada entre pessoas que têm as mesmas preferências e encontram satisfação maior nessa relação mútua.

Fase de controle

Assim que estiver relativamente delineada a noção de estar reunido ao grupo, as questões relativas ao controle passam ao primeiro plano e incluem tomadas de decisão, compartilhar responsabilidades e distribuir poder. Durante esse estágio, o comportamento grupal característico abrange a luta pela liderança e também a competição. Enquanto membro do grupo, nesse momento, as ansiedades básicas do indivíduo centralizam-se em ter responsabilidade demais ou de menos e em ter muita ou pouca influência. Ele tenta se estabelecer no grupo de tal modo que venha a ter a quantidade de poder e de dependência que lhe for mais conveniente.

Nessa fase, evidencia-se uma dupla busca: pela competência e responsabilidade dos outros e a consideração dos outros pela competência e responsabilidade do indivíduo. Quando ele já se sente incluído, passa a interessar-se pelos procedimentos que levam às decisões, isto é, pela distribuição do poder no grupo e pelo controle das atividades dos outros. Surgem as competições pela liderança, iniciam-se discussões sobre metas e métodos, e há elaboração de normas de conduta dentro do grupo. Nessa fase, há uma busca de influência e responsabilidade. Quem procura controle quer ser o vencedor, ou pelo menos estar ao lado do vencedor.

Os comportamentos característicos dessa fase estão descritos na tabela a seguir:

TABELA 4. COMPORTAMENTOS CARACTERÍSTICOS DA FASE DE CONTROLE

Tipo	Comportamento	Características
Deficiente	Abdicrata	Nas suas relações com os outros tenta abdicar de poder e responsabilidade. Concretamente não toma decisões que possa transferir a outros e não controla ninguém. Receia que as pessoas não possam e não queiram segui-lo, e parece-lhe que não merece a confiança do grupo. Inconscientemente, acredita que as pessoas notam isso e sente-se mais à vontade quando as situações não lhe exigem iniciativa nem responsabilidade.
Excessivo	Autocrata	Procura poder, é um competidor. Receia não influir sobre os outros, vir a ser dominado por eles.
Ideal	Democrata	Sente-se à vontade em qualquer situação, sabendo-se capaz de assumir suas responsabilidades; não tem necessidade de evitá-las nem de provar sua competência a todo preço.

Fase de afeição ou abertura

Depois de resolvida a questão do controle, os temas afetivos ganham destaque, uma vez que os indivíduos já estão formando um grupo. Diferenciam-se no que se refere à responsabilidade e ao poder; e agora investigam a questão de se tornarem emocionalmente integrados. Nesse estágio são típicas as manifestações de sentimentos positivos, de hostilidade pessoal direta, de ciúme, de formação de pares e, em geral, de um aguçamento de emoções entre pares de pessoas. Na qualidade de membro de um grupo, as ansiedades básicas do indivíduo focalizam-se em ser ou não querido, em não estar próximo o suficiente das pessoas, ou em ser íntimo demais. Ele se esforça para obter uma troca afetiva cuja intensidade pareça satisfatória e para alcançar uma posição agradável para iniciar uma relação afetiva e receber afeto. Como os porcos-espinhos de Schopenhauer que têm o problema de se amontoarem para dormir juntos em uma noite fria, o indivíduo quer ficar perto o suficiente para receber calor, mas longe o bastante para evitar a dor dos espinhos mais pontiagudos.

Independentemente da eficiência do grupo, para que ele possa sobreviver, devem ser criados vínculos pessoais entre seus membros. Se não for dada nenhuma atenção aos sentimentos que as pessoas têm umas pelas outras, cresce a rivalidade, os desejos pessoais não são satisfeitos, as pessoas sabotam ou abandonam o grupo e a vida grupal está encerrada. Os vínculos afetivos da família, as questões sociais, o compartilhamento, os benefícios sociais devem ser levados em consideração pelo grupo, para que este possa sobreviver.

A hipótese de desenvolvimento do grupo supõe que certas áreas de interação sejam enfatizadas em determinados momentos do crescimento grupal. Todas as três áreas estão sempre presentes, porém, não são sempre destacadas. Da mesma forma, algumas pessoas não acompanham sempre as questões centrais do grupo. Para algumas pessoas, uma dimensão particular será tão ou totalmente importante que transcenderá o tema que está sendo focalizado pelo grupo. Para cada pessoa, a área de interesse num dado momento é resultante de suas próprias áreas problemáticas, juntamente com aquelas que estão sendo focalizadas pelo grupo, na fase em que se encontra.

O clima emocional do grupo pode oscilar entre momentos de grande harmonia e afeto e momentos de insatisfação, hostilidade e tensão. Tende-se a um clima afetivo positivo dentro do grupo que traz satisfações a todos, mas esse clima não perdura por muito tempo, passando ao polo oposto. No que se refere a uma relação interpessoal, a inclusão diz respeito principalmente à formação de uma relação, ao passo que o controle e a afeição dizem respeito a relações já iniciadas.

Os comportamentos característicos dessa fase estão descritos na tabela a seguir.

TABELA 5. COMPORTAMENTOS CARACTERÍSTICOS DA FASE DE AFEIÇÃO OU ABERTURA

Tipo	Comportamento	Características
Deficiente	Subpessoal	Guarda distância das outras pessoas e mantém as relações em níveis superficiais. Sujeito dos seus próprios sentimentos, tem grande dificuldade de amar sinceramente e julgar o amor dos outros. Conscientemente, demonstra desejar não se implicar emocionalmente com outra pessoa ou com o grupo, mas inconscientemente, procura uma relação afetiva, porque teme não ser amado.
Excessivo	Superpessoal	Age sempre de maneira direta, pessoal e confiante. Busca ser amado para compensar as primeiras experiências afetivas. Apresenta tendência a manipular os amigos e puni-los por buscarem outras amizades, porque é possessivo.
Ideal	Pessoal	Sente-se bem em situações calorosas ou distantes. Atribui a mesma importância ao fato de ser amado ou não. Receia a ligação inter-humana.

O grupo passa pelas fases de inclusão, controle e afeição, em que há oportunidades para os membros satisfazerem suas necessidades interpessoais. Essas fases podem repetir-se várias vezes durante a vida de um grupo, independentemente de sua duração. Em grupos de treinamento a fase de inclusão pode ocorrer no fim, como uma etapa final de despedida.

Para Schutz, caso o indivíduo não atenda às suas necessidades interpessoais em cada fase, podem ser desenvolvidas doenças físicas específicas denominadas por ele como enfermidades da inclusão, enfermidades do controle e enfermidades do afeto.

As enfermidades decorrentes da fase de inclusão referem-se aos limites entre o EU e o mundo. Relacionam-se aos sistemas corporais que entram em contato com o meio ambiente, como o sistema respiratório e o digestório. Aparecem na pele, nos órgãos sensoriais, olhos, ouvidos, nariz e boca, através de espinhas, cravos, herpes, etc., como manifestação de conflitos inconscientes relativos à inclusão, mantendo o indivíduo afastado das pessoas.

As enfermidades decorrentes da fase de controle referem-se aos sistemas de órgãos que controlam o corpo: músculos, esqueleto, sistema nervoso e glândulas endócrinas. Por exemplo, a interpretação da artrite pode ser vista como contenção da raiva.

As enfermidades decorrentes da fase da afeição se manifestam, em geral, no sistema circulatório e genital.

Segundo Schutz, a inclusão, o controle e o afeto são dimensões presentes no homem desde a sua concepção. Fazendo uma comparação dessas fases com os estágios de desenvolvimento segundo a psicanálise de Freud, a inclusão seria paralela ao estágio oral; o controle, ao estágio anal e o afeto, ao estágio fálico.

Teoria dos grupos operativos de Pichon-Rivière

Enrique Pichon-Rivière nasceu em Genebra, em 25 de junho de 1907, e faleceu em Buenos Aires, em 16 de junho de 1977. Aos três anos, mudou-se para a Argentina com sua família, onde passou toda sua infância e adolescência. Quando fez 18 anos de idade, foi estudar medicina em Buenos Aires, especializando-se em psiquiatria. Fundou em 1953 o Instituto Argentino de Estudos Sociais e, como parte dessa instituição, a Escola de Psiquiatria Dinâmica. Em 1956 organizou o que se chamou de "Experiência de Rosário", junto com cinco psicanalistas, dentre eles José Bleger. A partir daí, conceituou o trabalho de grupos operativos e o modelo que mais adiante iria desenvolver na escola: a aula teórica, seguida do trabalho de grupo operativo. Adoeceu gravemente em 1974 e ficou hospitalizado por vários meses. Mesmo assim continuou trabalhando e assistindo às aulas do Instituto.

De acordo com Pichon-Rivière (2000), os grupos operativos definem-se como grupos centrados na tarefa. Essa tarefa pode ser tanto a obtenção de uma cura – o grupo será chamado terapêutico – como a aquisição de novos conhecimentos – o grupo será de aprendizagem. A realização da tarefa é eminentemente grupal e pressupõe movimento e ação. Os grupos operativos têm sua atividade centrada na mobilização de estruturas estereotipadas e têm dificuldades de aprendizagem e comunicação provocadas pela ansiedade despertada por toda e qualquer mudança.

Os grupos podem ser de diferentes naturezas e objetivos, mas em todos os tipos ocorre uma diferenciação progressiva, isto é, uma heterogeneidade adquirida à medida que aumenta a homogeneidade da tarefa. Esta depende do campo operativo do grupo; em um grupo terapêutico, a tarefa é resolver a ansiedade básica do grupo, que adquire características particulares em cada membro; é a cura da doença do grupo. Quando se trata de um grupo de aprendizagem, consiste na resolução das ansiedades ligadas à aprendizagem. No entanto, não há diferença essencial entre grupos com objetivos terapêuticos e grupos com objetivos de aprendizagem. Todo grupo terapêutico proporciona aprendizagem de novas pautas de conduta, assim como todo grupo de aprendizagem busca a resolução de conflitos interpessoais.

Todo grupo operativo que tiver uma tarefa a realizar e que puder esclarecer as suas dificuldades individuais, romper com os estereótipos e possibilitar a identificação dos obstáculos que impedem o desenvolvimento do indivíduo, auxiliando-o a encontrar suas próprias condições de resolver ou enfrentar os seus próprios problemas, é terapêutico.

Para Pichon-Rivière, o objetivo central da tarefa do grupo operativo é superar e resolver situações estereotipadas, transformando-as em situações flexíveis. O objetivo do grupo operativo é passar da inércia e da resistência à mudança para o movimento e à disposição às mudanças. Para que isso ocorra é preciso que se desconstruam os Ecros individuais e que se construa o Ecro grupal.

O Esquema Conceitual Referencial Operativo (Ecro) individual é constituído a partir do conjunto de experiências, conhecimentos e afetos que o indivíduo possui e que interfere nos seus pensamentos e ações afetando o trabalho em grupo. Para que o grupo adquira unidade, precisa construir um Ecro grupal a fim de se tornar operativo, ou seja, gerador de mudanças. Nesse sentido, terá que ter um caráter dialético permitindo que as contradições oriundas do campo de trabalho possam ser resolvidas durante o período de elaboração da tarefa do grupo. Todo conhecimento do grupo enriquece o Ecro grupal, que se autoalimenta e se mantém flexível ou plástico (não estereotipado).

O objetivo dos grupos operativos é a mobilização dessas estruturas estereotipadas por meio do que Pichon denominou de vetores de comunicação:

a) **AFILIAÇÃO:** é o grau de identificação com os processos grupais. No primeiro contato com o grupo, seus membros guardam determinada distância procurando não se incluir totalmente nele. Esse primeiro momento (afiliação) é próprio de todo tipo de grupo;
b) **PERTENÇA:** é o momento em que o indivíduo se sente incluído e mais integrado no grupo. É esse sentimento que permite aos seus membros tornar possível a planificação;
c) **COOPERAÇÃO:** consiste na contribuição, mesmo que silenciosa, para a tarefa grupal. Nesse momento, estabelece-se no grupo a base de papéis diferenciados. É pela cooperação que se manifesta o caráter interdisciplinar do grupo operativo e o interjogo entre a verticalidade (aquilo que se refere à história pessoal do sujeito) e a horizontalidade (a história do grupo) no aqui e agora do grupo;
d) **PERTINÊNCIA:** consiste em o grupo focalizar sua atenção na tarefa prescrita e no seu esclarecimento. Avalia-se a qualidade dessa pertinência de acordo com o montante da pré-tarefa (momento em que o grupo permanece estagnado, em outras atividades que não a tarefa prescrita), da criatividade, da produtividade do grupo e suas aberturas para um projeto;
e) **COMUNICAÇÃO:** tanto a verbal quanto a não verbal, que ocorre entre os membros do grupo. Envolve não somente o conteúdo da mensagem, mas também o como e o quê dessa mensagem. Quando esses elementos entram em contradição, configura-se um mal-entendido no interior do grupo;

f) **APRENDIZAGEM:** conquistada pela somatória das informações dos integrantes do grupo, que produzem juntos uma mudança, e que se traduz em termos da resolução de ansiedades, adaptação ativa à realidade, criatividade, planejamento de projetos, etc;
g) **TELÊ:** disposição positiva ou negativa para trabalhar com um membro do grupo. A telê configura o clima grupal, que pode ser positivo ou negativo, e, ainda, do grupo com o coordenador e/ou dos membros do grupo entre si.

É por meio desses vetores de comunicação que o grupo consegue sair da tarefa explícita (do que é manifestado claramente pelos membros do grupo) e caminhar no sentido do implícito à procura de compreender melhor seus medos básicos (medo da perda ou medo do ataque). Essa mudança se dá por meio de uma espiral dialética: o estabelecimento do emergente grupal por um componente do grupo, o entendimento desse emergente produzindo uma mudança no Ecro grupal, um novo emergente e assim sucessivamente até que o grupo possa compreender esse estado latente. A esse movimento, Pichon denominou cone invertido:

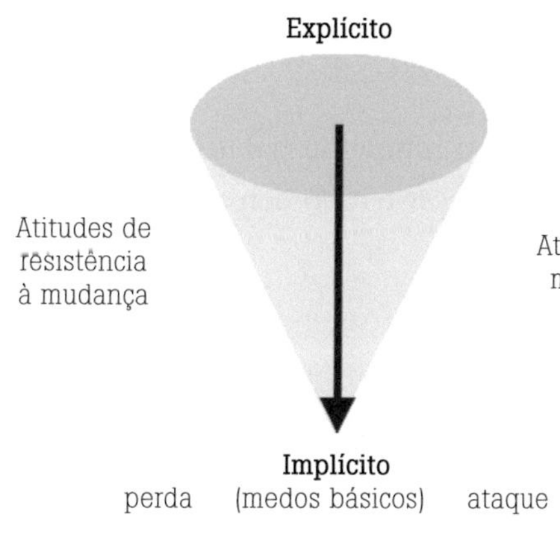

FIGURA 1. CONE INVERTIDO DE PICHON-RIVIÈRE

O grupo vive uma relação de "interjogo de papéis". Os papéis podem ser formais (coordenador, observador, integrante) ou informais (bode expiatório, porta-voz, líder, sabotador).

O intercâmbio entre o líder-coordenador e o grupo realiza-se na forma de uma espiral permanente, na qual se ligam os processos de ensinar e aprender, formando uma unidade de alimentação e realimentação.

Segundo Pichon-Rivière, uma sessão de grupo se desenvolve em três momentos temporais distintos: a pré-tarefa, a tarefa e o projeto.

Pré-tarefa

Fase em que entra em cena a defensividade do grupo, mobilizada pela resistência à mudança e destinada a postergar a elaboração das ansiedades que funcionam como obstáculo à execução da tarefa e à evolução do grupo. Esse período é caracterizado pela combinação de dois medos básicos: o medo da perda e o medo do ataque. O grupo organiza-se para estereotipar-se, como defesa diante das ansiedades que produzem a mudança, se estruturando como um grupo conspirador para se opor à própria mudança, já que esta é vivenciada como um aumento de desamparo, de insegurança e de incerteza grupal. Os mecanismos de defesa, como a impostura e a indisciplina, surgem no grupo com o objetivo de pôr o sujeito a salvo do sofrimento e da culpa, ao mesmo tempo em que o exime do compromisso com um projeto.

A fase de pré-tarefa é um momento habitual no desenvolvimento do grupo, porém, se ele permanecer tempo demais nessa fase, sua produtividade será nula.

Tarefa

Refere-se ao objetivo que o grupo se propõe a alcançar, à sua meta final, àquilo pelo qual o grupo se encontra constituído como tal, àquilo que reúne todos os participantes, sua meta. Faz referência ao "para quê" do trabalho grupal, devendo estar na mente de todos os membros do grupo como aquilo que dirige os esforços, tanto individuais como grupais. É a tarefa que orienta todas as ações, a tomada de decisões, a escolha da metodologia de trabalho, a definição da temática e das técnicas, a divisão do trabalho, etc. Do ponto de vista do papel do coordenador, é a tarefa que deverá guiar todas as suas intervenções diante do grupo, indicando seu tipo, sua frequência e nível de profundidade.

Além dos aspectos objetivos e explícitos do trabalho grupal, definidos como tarefa explícita, existe uma variedade de obstáculos que impedem seu bom funcionamento. A superação desses obstáculos é o que constitui a tarefa implícita do grupo. Segundo Pichon-Rivière (2000), sob a tarefa explícita subjaz outra implícita, que aponta para a ruptura, e que dificulta a aprendizagem, a comunicação, o progresso e a mudança do grupo. Nesse sentido, a tarefa consiste na elaboração de duas ansiedades básicas: medo da perda (das estruturas existentes e já conhecidas do grupo) e medo do ataque (diante da nova situação desconhecida do grupo). Essas duas ansiedades, coexistentes e cooperantes, configuram a resistência à mudança que deve ser superada no grupo.

Uma das diferenças fundamentais entre a tarefa explícita e a implícita consiste em que o objeto de trabalho da primeira é o tema sobre o qual se pretende alcançar uma aprendizagem, à medida que o objeto de trabalho da segunda é o próprio grupo.

Projeto

Essa fase surge quando se consegue um sentimento de pertencimento entre os membros do grupo, concretizando-se, então, uma planificação. É alcançado quando o grupo começa a colocar objetivos que vão além do aqui e agora, isto é, que transcendem a tarefa imediata e o próprio grupo. Ao longo de sua história como grupo, este trabalha na realização de uma tarefa, os seus integrantes vão se adaptando ao trabalho em equipe, conhecendo suas possibilidades e limitações. Uma experiência desse tipo é sempre muito gratificante e o grupo busca, então, uma maneira de projetar essa experiência de uma forma socialmente útil, algumas vezes na instituição, outras, em função de outros grupos similares ao seu. Essa fase é necessária para a própria sobrevivência do grupo, pois representa uma forma de canalizar o sentimento de perda, que aumenta progressivamente à medida que se aproxima o final do trabalho do grupo.

Teoria das suposições básicas de Bion

Wilfred Ruprecht Bion, de origem britânica, nasceu no dia 8 de setembro de 1897, na cidade de Mutra, na Índia. Lá viveu até os 8 anos de idade, quando foi para a Inglaterra estudar. Cursou história moderna, licenciou-se em letras, estudou filosofia e aprofundou-se em Kant; estudou teologia e linguística, lecionou história e literatura, mas acabou abandonando tudo e resolveu fazer medicina. Após o término da Primeira Guerra Mundial, a quem serviu, Bion abandonou o Exército e passou a dedicar-se ao campo de estudo das ciências humanísticas.

Para Bion (1975), qualquer grupo movimenta-se em dois planos: o plano consciente, no qual opera em busca da realização de uma tarefa, também chamado de grupo de trabalho; e o plano inconsciente, de forma latente ao consciente, em que se encontra o rol de supostos básicos – que correspondem a pulsões e fantasias primitivas e atávicas (dependência durante certo tempo; luta e fuga contra predadores e acasalamento para a sobrevivência da espécie).

Nos três supostos básicos estão presentes as emoções básicas como o amor, o ódio, o medo e a ansiedade. O que diferencia os supostos (ou pressupostos) básicos é a forma como esses sentimentos vêm combinados e estruturados exigindo um tipo de líder apropriado para preencher os requisitos do suposto básico predominante.

Bion considera o grupo essencial para a realização da vida mental do homem e para a satisfação de suas necessidades. O tamanho mínimo do grupo é de três elementos; com dois membros há relações pessoais; com três ou mais, há uma mudança de qualidade na relação interpessoal.

O grupo se caracteriza pela tríade indivíduo-mentalidade-cultura, mediante uma ação recíproca entre as necessidades individuais, a mentalidade de grupo e sua cultura. Mentalidade de grupo é a expressão total da vontade do grupo, para o qual o indivíduo contribui inconscientemente. Quando o indivíduo pensa ou se comporta de forma que não esteja de acordo com a suposição básica dominante, torna difícil para o grupo o cumprimento de seus objetivos. Cultura de grupo consiste nos aspectos do comportamento do grupo, que podem nascer do conflito entre a mentalidade de grupo e os desejos dos indivíduos. A mentalidade do grupo se coloca como um obstáculo a ser superado, que só se dá pela elaboração da cultura do grupo (maneira como ele se estrutura, se organiza e distribui as ocupações diante do conflito entre a mentalidade grupal e as necessidades individuais).

Todo grupo, mesmo constituído por acaso, se reúne para levar a cabo uma tarefa e seus componentes cooperam voluntariamente para cumpri-la. A essa formação Bion denomina *grupo de trabalho*. Equivale às funções do ego consciente proposto por Freud, em que a realidade se faz presente e a busca da evolução do desenvolvimento é permeada pelo respeito à verdade e pela consciência do fator tempo. É a faceta da atividade mental em um grupo.

Subjacente ao grupo de trabalho se encontra o grupo de (pré) suposições básicas. Os supostos básicos obedecem às leis do inconsciente e manifestam-se como defesas que se opõem ao desenvolvimento e à evolução do grupo, dificultando a emergência de comportamentos maduros e a resolução da tarefa proposta. Essas defesas emergem perante emoções e ansiedades subjacentes. Para vigorar, a suposição básica depende da participação involuntária, automática e inevitável dos componentes do grupo. A essa participação, Bion empregou o termo *valência* (aptidão que cada indivíduo tem em combinar com os demais membros do grupo em função de um pressuposto básico). Além da participação involuntária dos membros do grupo que se ligam a uma suposição dominante enquanto as outras duas ficam em estado latente, o grupo de suposição básica requer uma liderança que atenda às necessidades da própria suposição básica vigente.

O grupo de trabalho sob a égide da razão liga-se pela cooperação. O grupo de suposição básica, banhado por faculdades instintivas, liga-se pela valência. São três suposições básicas propostas por Bion: dependência, acasalamento e luta-fuga

Um grupo que opera na suposição de dependência tem como característica fundamental a manutenção de uma liderança da qual depende para sua proteção. O grupo elege um líder na busca de proteção, segurança, alimento material e espiritual. Nessa suposição básica de dependência, no plano inconsciente, acredita-se que exista um objeto externo capaz de fornecer segurança para o grupo que se considera imaturo e incompetente; uma pessoa que se colocará em posição de suprir as necessidades das outras, e as outras em posição de serem supridas por ela. Com isso, o grupo supõe que está ali para ser dirigido por um líder terno e onipotente, capaz de levá-lo ao cumprimento de seus objetivos. A fantasia presente nessa suposição é que o líder é mais capaz do que realmente o é, e que os membros do grupo, seus seguidores, são mais deficientes do que na realidade o são. Com isso, o grupo evita exercitar sua autoridade pessoal e reduz o conceito de sua responsabilidade individual.

No acasalamento, a suposição básica é que as pessoas se reúnem para fins de preservação do grupo. É comum conversas tornarem-se cansativas pela preocupação com a ausência de algum membro, como sendo uma ameaça para a coesão grupal. O grupo aceita que dois ou mais membros se unam e se distingam do restante em busca de consolação mútua. A fantasia presente nesse caso é que o grupo está reunido para salvar-se de seus sentimentos irracionais, pela união de pessoas, subgrupos ou grupos. Ele anseia que algo ou alguém o guie para uma melhor direção. O produto indispensável dessa união não é um líder capaz, mas a esperança de uma salvação que sempre estará por realizar-se. O grupo é regulado pela liderança (pessoa ou ideia) de uma esperança futura que nunca se realizará, mas que livrará o grupo de suas dificuldades e angústias.

Numa situação de luta-fuga, duas técnicas de autopreservação, o grupo se coloca em uma posição de defesa lutando contra qualquer nova dificuldade psicológica; ou foge dessa dificuldade, criando um inimigo externo ao qual atribui a causa de todos os seus problemas. Para a direção, é escolhido um líder com características tirânicas que decidirá se o grupo deve lutar ou fugir do suposto inimigo ameaçador, que normalmente são as ansiedades e os medos. Precisa da existência de um inimigo, pois só se pode lutar ou fugir quando se encontra algo com que se possa exercer essas funções.

Em uma situação grupal, o bem-estar individual é um assunto de consideração secundária, pois o grupo vem em primeiro lugar; a necessidade suprema é a sobrevivência do conjunto e não a do indivíduo. O grupo percebe que sua sobrevivência depende da luta, seja por agressão direta, seja pela criação de bodes expiatórios; ou da fuga, que pode ser para o futuro, para o passado ou ainda para eventos fora da situação grupal ou utilizando discursos intelectuais, demonstrando passividade ou repetindo histórias já conhecidas.

4. Conteúdo e processo grupal

Embora as teorias de dinâmicas de grupo apresentem enfoques diferentes, evidencia-se um ponto de convergência entre elas de que os grupos operam em dois planos distintos e complementares ao mesmo tempo. Alguns autores denominam esses planos de *consciente* e *inconsciente*; outros de *área de tarefa* e *área socioafetiva*; *conteúdo manifesto* e *conteúdo latente*; *explícito* e *implícito*; *mentalidade de grupo* e *cultura de grupo*; *movimento externo* e *movimento interno*.

O vocábulo *dinâmica* deriva da palavra grega *dynamis*, que significa força, energia, ação. Sugere a noção de movimento, que pode ser de dois tipos: visível (tudo aquilo que é manifestado pelo grupo por meio de seu comportamento verbal e não verbal) e invisível (movimento interno proveniente da reflexão individual e da tomada de consciência; também está relacionado com o conteúdo latente do grupo, com aquilo que é sentido, porém não é falado de maneira explícita).

O psiquiatra britânico Maré, em sua teoria sobre o processo grupal (1974), considera o grupo constituído por três elementos: a estrutura, o conteúdo e o processo. A estrutura é definida pela constituição espaço-temporal do próprio grupo (tempo, disposição dos lugares, procedimentos, metas, agendas, membros e sua seleção). Conteúdo é a forma como o grupo se organiza, com sua matriz de rede ou canais transpessoais. E, por fim, processo é definido pelo conjunto de ações, interações, comunicações (verbais e não verbais), comportamentos e rituais do grupo. Maré estabeleceu uma analogia de sua teoria com o teatro, em que o pano de fundo seria o conteúdo, o palco seria a estrutura e o texto seria a representação do processo.

De acordo com Lane e Freitas (1997), não é possível afirmar que grupo seja uma reunião de pessoas que compartilham normas e objetivos comuns. Grupo é um complexo de relações estabelecidas entre pessoas com necessidades e interesses tanto individuais quanto coletivos, que se expressam por meio da prática social; constitui uma estrutura que não pode ser reduzida à simples soma de suas partes, caracterizando, assim, a interdependência de seus membros. A atividade grupal possui duas dimensões, a *externa,* relacionada com a sociedade ou com outros grupos; e a *interna,* vinculada aos membros do próprio grupo, com vistas à realização dos objetivos, levando em consideração tanto as aspirações individuais quanto as coletivas. Já o processo grupal implica relações de poder e de práticas compartilhadas e, ao se realizar, desenvolve a sua identidade (intragrupo e intergrupos).

Em todas as relações humanas há dois componentes principais, o conteúdo e o processo. O conteúdo refere-se ao assunto ou à tarefa que o grupo trabalha. Na maioria das interações, o foco das atenções das pessoas centraliza-se no conteúdo.

O segundo componente, o processo, considera o que está acontecendo com os membros do grupo, enquanto o conjunto está trabalhando. Processo de grupo caracteriza-se pela dinâmica do grupo; lida com temas tais como moral, intensidade de sentimentos, atmosfera do grupo, influência, participação, estilos de liderança, conflitos, competição, cooperação, etc. Em grande parte das interações, pouca atenção é dada ao processo, mesmo quando ele é a principal causa dos conflitos do grupo. A maior sensibilidade ao processo de grupo por parte do facilitador de dinâmicas de grupo possibilitará um melhor diagnóstico dos problemas de grupo, maior facilidade em percebê-los com antecedência e resolvê-los com maior eficiência.

5. Papéis desempenhados pelos membros do grupo

Papéis são modelos de conduta correspondentes à posição dos indivíduos na rede de interações e estão ligados às expectativas do indivíduo e às dos outros integrantes do grupo. Cada membro do grupo constrói seu papel em relação aos outros a partir de sua história de vida (verticalidade) e da história construída com o grupo (horizontalidade).

Para Pichon-Rivière (2000), são quatro os papéis desempenhados pelas pessoas quando estão em grupos: porta-voz, bode expiatório, líder e sabotador.

- **PORTA-VOZ:** é o membro que em dado momento denuncia (palavra, silêncio, gesto) os acontecimentos no grupo, as fantasias que o movem, as ansiedades e necessidades totais do grupo. Não fala só por si, mas por todos; nele se conjugam a verticalidade e horizontalidade grupal. É aquele que relata o emergente grupal, que declara a ansiedade predominante no grupo se estiver impedindo a realização da tarefa.
- **BODE EXPIATÓRIO:** membro que, de acordo com o processo de distribuição de papéis, se faz depositário dos aspectos negativos e atemorizantes do grupo ou da tarefa, em um acordo tácito no qual ele se compromete tanto quanto os outros membros. É o depositário de todas as dificuldades e "culpado" pelos fracassos do grupo.

- **LÍDER:** membro que se faz depositário de aspectos positivos do grupo. Para a compreensão da dinâmica do grupo, é importante a detecção das lideranças, pois a estrutura e função do grupo configura-se de acordo com o tipo de liderança assumido pelo coordenador. Segundo Pichon-Rivière, é possível detectar alguns tipos de líderes:
    - **LÍDER AUTOCRÁTICO:** utiliza uma técnica rígida, diretiva. Sua característica mais marcante é a incapacidade de discriminar entre papel e pessoa;
    - **LÍDER DEMOCRÁTICO:** é o papel ideal que se pode assumir no trabalho grupal;
    - **LÍDER *LAISSEZ-FAIRE*:** delega ao grupo sua estruturação e assume só parcialmente suas funções de análise da situação e orientação da ação;
    - **LÍDER DEMAGÓGICO:** sua característica marcante é a impostura.
- **SABOTADOR:** é o líder da resistência à mudança; aquele que conspira para a evolução e conclusão da tarefa, podendo chegar à segregação do grupo.

Para Robert Bales, os papéis se desenvolvem em dois planos de interação distintos: no plano da tarefa (conteúdo) e no plano das emoções (processo). Em cada um dos planos são ainda desempenhados papéis facilitadores ou dificultadores do trabalho em grupo de acordo com o contexto.

Nível da tarefa

- **INSTRUTOR/DEMONSTRADOR:** explica conceitos ao grupo, instrui sobre uma área de conhecimento, apresenta fatos, ilustra e dá exemplos de gráficos, mostra como algo é feito.
- **ESPECIALISTA:** oferece conhecimentos especializados, relata descobertas de pesquisas e inovações.

- **ORIENTADOR:** ouve cuidadosamente, usa questões de indagação não condicionadora, utiliza abordagem não diretiva para ajudar o grupo a pensar nos problemas e na técnica de análise de definição de problemas.
- **CONSELHEIRO:** sugere alternativas sobre o que pode ser feito e como fazê-lo usando uma abordagem mais diretiva na indicação de ações, procedimentos, etc.
- **OBSERVADOR/CONFRONTADOR:** registra processos, comportamentos e eventos; relata e comenta coisas que existem e como estão sendo feitas; relata dados comportamentais e percepções; dá *feedback* de sentimentos e impressões, usando episódios, incidentes e casos que podem ser confrontados pelos participantes.
- **PESQUISADOR/INDICADOR:** elabora modelos para coleta de dados, recomenda fontes ou pessoas para pesquisa, recolhe informações sobre dados existentes e como as coisas estão sendo feitas, identifica as informações necessárias para determinada tarefa e as fontes de conhecimento básico, e traz o que é essencial para o grupo.
- **ELEMENTO DE LIGAÇÃO:** elabora procedimentos de conexão entre pessoas e recursos, identifica os pontos de conexão entre sistemas e subsistemas, utiliza processos que provêm interdependência ativa.
- **PLANEJADOR:** determina metas e objetivos, identifica critérios de desempenho, limites, pressões; determina sequência de atividades e estratégias de ação consistentes com metas e objetivos.
- **GERENTE:** determina fluxo sistemático de eventos, aplica modelos de avaliação de necessidades e planejamento, dirige e controla fluxo de recursos.
- **DIAGNOSTICADOR:** usa técnicas de campo de forças e outras, dados e observações sobre o sistema para determinar o porquê de as coisas acontecerem como acontecem.
- **AVALIADOR:** determina resultados comportamentais específicos, elabora referências de critérios.

Nível socioafetivo

- **CONCILIADOR:** busca um denominador comum; quando em conflito, aceita rever sua posição e acompanhar o grupo para chegar a um consenso.
- **MEDIADOR:** resolve as divergências entre outros membros, alivia as tensões nos momentos mais difíceis por meio de brincadeiras oportunas.
- **ANIMADOR:** demonstra afeto e solidariedade aos outros membros do grupo, bem como compreensão e aceitação de outros pontos de vista, ideias e sugestões, concordando, recomendando e elogiando as contribuições dos outros.
- **OUVINTE INTERESSADO:** acompanha atentamente a atividade do grupo e aceita as ideias dos outros, servindo de auditório e apoio nas discussões.

Outros papéis

Em todos os grupos em funcionamento, seus membros podem desempenhar, eventualmente, alguns papéis não construtivos, dificultando a realização da tarefa, criando obstáculos e canalizando energias para atividades e comportamentos não condizentes com os objetivos comuns do conjunto. Esses papéis correspondem a necessidades individualistas, motivações de caráter pessoal e características de personalidade, decorrentes de falhas de estruturação ou da dinâmica do próprio grupo. Entre esses papéis não construtivos destacam-se:

- **DOMINADOR:** procura afirmar sua autoridade ou superioridade dando ordens incisivas, interrompendo os demais, manipulando o grupo ou alguns membros, sob forma de adulação, afirmação de *status* superior, etc.;

- **DEPENDENTE:** busca ajuda, sob forma de simpatia dos outros membros do grupo, mostrando insegurança, autodepreciação, carência de apoio;
- **CRIADOR DE OBSTÁCULOS:** discorda e se opõe sem razões, mantendo-se teimosamente negativo até a radicalização, obstruindo o progresso do grupo após uma decisão ou solução já atingida;
- **AGRESSIVO:** ataca o grupo ou o assunto tratado, fazendo ironia ou brincadeiras agressivas, mostra desaprovação dos valores, atos e sentimentos dos outros;
- **VAIDOSO:** procura chamar a atenção sobre sua pessoa de várias maneiras, contando realizações pessoais e agindo de forma diferente, para afirmar sua superioridade e vantagens em relação aos outros;
- **REIVINDICADOR:** manifesta-se como porta-voz de outros, de subgrupos ou classes, revelando seus verdadeiros interesses pessoais, preconceitos ou dificuldades;
- **CONFESSANTE:** usa o grupo como plateia ou assistência para extravasar seus sentimentos, suas preocupações pessoais ou sua filosofia, que nada têm a ver com a disposição ou orientação do grupo na situação-momento;
- **GOZADOR:** aparentemente agradável, evidencia, entretanto, seu completo afastamento do grupo, podendo exibir atitudes cínicas, desagradáveis; é indiferente à preocupação e ao trabalho do grupo, e se diverte com as dificuldades e os esforços dos outros.

A classificação de papéis funcionais no grupo em construtivos e não construtivos não pode ser rigidamente aplicada, e um determinado papel desempenhado por um membro não pode ser julgado em termos absolutos. Um papel facilitará ou inibirá as atividades e o desenvolvimento do grupo, sendo, portanto, construtivo ou não, a depender das necessidades do grupo e de seus membros naquela ocasião específica. Assim, por exemplo, embora na classificação os esforços para harmonizar e reconciliar divergências entre membros figurem como tipicamente facilitadores ou construtivos, haverá ocasiões na vida do grupo em que a descoberta e a eclosão dos conflitos latentes, para sua posterior tentativa e possibilidade de resolução, sejam altamente desejáveis. Os comportamentos de conciliação seriam inibidores do desenvolvimento do grupo e, por conseguinte, papéis não construtivos nessa circunstância.

A competência interpessoal dos membros é desenvolvida à medida que eles se conscientizem da variedade de papéis exigidos para o desempenho global e se sensibilizem para o que é mais apropriado às necessidades existenciais do grupo e de seus membros em um determinado momento da vida grupal.

6.
Tipos de grupos

O que caracteriza um grupo são seus objetivos, que levam seus membros a se organizarem de diversas formas para alcançar seus diferentes objetivos. Para Afonso (2010), os grupos diferem entre si quanto aos seus objetivos e são, ainda, os objetivos que definem a sua ênfase (pesquisa, educação ou clínica). Para a autora, os objetivos dos grupos podem ser classificados em cinco tipos distintos:

- **CONHECER OU PESQUISAR AS CRENÇAS, IDEIAS E OS SENTIMENTOS DE SEUS PARTICIPANTES.** O objetivo desse tipo de grupo é coletar informações, por exemplo, para uma pesquisa ou para um futuro programa de intervenção. Esse tipo de grupo é criado por uma demanda externa. Não existe o objetivo assumido de mudança de ideias, crenças e sentimentos e muito menos de se trabalhar as relações interpessoais entre os participantes. O grupo recebe um tema para discussão e o facilitador do grupo trabalha com um roteiro de perguntas, orientando o grupo em suas discussões. Nesse tipo podem ser utilizadas técnicas como: *brainstorming* (ou tempestade cerebral); frases inacabadas que os participantes completam; organização de turnos de falas entre as pessoas; organização de um quadro de ideias convergentes e divergentes a respeito do tema; letras de música ou trechos de crônicas. A ênfase não é na dimensão educativa nem na dimensão clínica e sim na de pesquisa. Existe um copesquisador que se encarrega de tomar notas sobre a discussão. Também conhecido como grupo focal, é muito utilizado em pesquisas, especialmente em problemáticas, que são influenciadas pelos aspectos sociais e culturais da população atendida, se assemelhando à entrevista em grupo.

- **CONHECER LEVANDO À REFLEXÃO, ADAPTAÇÃO E/OU MUDANÇA, ESTIMULANDO NOVAS APRENDIZAGENS, PARA O ENFRENTAMENTO DE UMA DETERMINADA PROBLEMÁTICA.** De acordo com esse objetivo, o grupo pode ser classificado em socioeducativo (se a ênfase estiver relacionada com os aspectos socioculturais do grupo) ou psicoeducativo (se a ênfase recair nos aspectos psíquicos que interferem na condição da problemática). Nesses grupos, o objetivo maior é proporcionar uma reflexão sobre a experiência, a partir do processo de conscientização. O aspecto educativo é fundamental; as novas informações, o questionamento de mitos e preconceitos, a possibilidade de tirar dúvidas representam elementos importantes na mudança das representações que as pessoas fazem das suas problemáticas. O papel do facilitador do grupo se aproxima ao de um educador utilizando recursos educativos previamente preparados e de acordo com a linguagem e o nível educacional dos participantes do grupo. Podem ser utilizados, por exemplo, jogos educativos, técnicas lúdicas e recursos audiovisuais visando aumentar a compreensibilidade da informação bem como a motivação do grupo. Esse tipo de grupo torna-se útil quando o tempo de intervenção é curto e as condições, limitadas. O facilitador do grupo é a figura que centraliza o conhecimento, e os participantes têm um papel mais passivo do que ativo.
- **CONHECER INCENTIVANDO NOVAS APRENDIZAGENS DENTRO DE SUA REALIDADE, ESTIMULANDO A OPERATIVIDADE, AUTONOMIA E MOBILIZAÇÃO DOS PARTICIPANTES.** Baseia-se na teoria dos grupos operativos proposta por Pichon-Rivière, incentivando a comunicação, a criatividade e a autonomia do grupo e dos participantes; estimulando o seu maior comprometimento pessoal e interpessoal no enfrentamento de uma problemática quando é influenciada por fatores sociais, culturais e psíquicos, o que exige a mudança não apenas de mentalidades, mas também das práticas e das relações que

os participantes desenvolvem em seu cotidiano. Abre a reflexão em torno de seu foco, possibilita o exame de temas correlacionados, bem como o aprofundamento de aspectos que o grupo julga mais importantes, exigindo maior envolvimento dos participantes e a inter-relação entre fatores subjetivos e objetivos. O facilitador do grupo assume um papel de copensor e cooperador, dinamizando as relações, mediando a informação e a reflexão.

- **CONHECER O GRUPO BUSCANDO PROMOVER A MUDANÇA DA PROBLEMÁTICA PSÍQUICA E/OU DA PRÓPRIA ESTRUTURA PSÍQUICA DE SEUS MEMBROS E AJUDÁ-LOS A CONSTRUIR FORMAS DE LIDAR COM SUAS ANGÚSTIAS E CONFLITOS PSÍQUICOS E RELACIONAIS.** São os grupos de terapia cuja ênfase recai mais nos aspectos psíquicos e relacionais do que nos aspectos educativos. Interessa-se em abordar com profundidade questões e estruturas psíquicas de seus membros.
- **GRUPOS COM NOMES DIFERENCIADOS, TAIS COMO:** Grupo de Apoio, de Sensibilização, de Criatividade, de Reflexão e Multifamílias. Esses grupos podem funcionar em modalidades diversas e com vários objetivos. Dependendo de sua estrutura, podem ser focais, socioeducativos, psicoeducativos, operativos ou de terapia.
  - **GRUPO DE APOIO:** oferece aos seus participantes um espaço seguro e livre de tensão, no qual as pessoas podem vivenciar uma atmosfera de apoio e compreensão; compartilhar sentimentos e informações; melhorar habilidades de comunicação; assegurar ajuda na obtenção de serviços; aprender de outras pessoas; unir-se para efetuar mudança pessoal e social; aprender a lidar com a própria problemática; desenvolver a autocrítica; dar e receber orientação emocional; resolver problemas pessoais;
  - **GRUPO DE SENSIBILIZAÇÃO:** prepara a pessoa para conhecer o outro;
  - **GRUPO DE REFLEXÃO:** aprofunda o conhecimento;
  - **GRUPO DE CRIATIVIDADE:** leva o grupo a perceber se em sua dinâmica estão presentes elementos explícitos ou implícitos que

impeçam a manifestação livre de ideias, em que a comunicação emocional seja limitada, ou em que há dificuldade de se lidar com incertezas e mudanças. Seu maior desafio é estimular a divergência de pensamentos e ao mesmo tempo a coesão grupal, que pode trazer consigo pressão para a uniformidade;

- **GRUPO MULTIFAMÍLIAS:** pode ser de apoio, de criatividade, de reflexão ou de sensibilização.

7. Funcionamento dos grupos

Todos os grupos, independentemente de sua finalidade, possuem propriedades comuns, mas que se diferenciam em grau, direção e dimensão. As características das propriedades é que definem a personalidade do próprio grupo, distinguindo-o de todos os demais. Algumas delas são:

Interação

Cada indivíduo influencia e é influenciado pelos componentes do grupo e reagem entre si. É o meio pelo qual os indivíduos se relacionam uns com os outros e levam a efeito as tarefas para o desenvolvimento, a manutenção e o crescimento do grupo. A interação pode se dar entre grupos, intergrupo, entre subgrupos, entre o grupo e o coordenador, etc. Como os diversos componentes do grupo exercem sua influência (positiva, neutra ou negativa) por meio da comunicação verbal e não verbal, o processo de interação (normas de estímulo e resposta) dá origem a coesão, estrutura, normas e metas comuns, podendo resultar em maior integração entre as pessoas, conflitos ou desorganização.

Estrutura

Implica um sistema de estratificação social ou de hierarquia no qual os diversos indivíduos estão situados acima ou abaixo. As dimensões do grupo influenciam a estrutura: quanto maior o grupo, maior a probabilidade de vir a se subdividir. Todo grupo compõe-se de uma estrutura oficial (consciente e aparente) e outra sociométrica (inconsciente e invisível a olho nu). Quanto maior a divergência entre as duas, a mais conflitos e tensões o grupo estará sujeito, sendo verdadeiro o oposto: quanto menor a discrepância, menos sofrimento esse grupo terá a suportar e superar.

Coesão

A coesão é produzida quando várias pessoas exercem uma ação entre si durante certo período de tempo. Pode ser definida como a sensação de pertencer, reforçando os laços de camaradagem. É pela coesão que os membros de um grupo estabelecem diferenças que os distinguem dos elementos alheios a eles, como por meio de um código de linguagem secreto, ou de rituais de passagem. Cada grupo é exclusivo e desenvolve costumes e meio intelectual próprios, gerando um pequeno sistema social que funciona dentro de um maior. Qualquer grupo precisa de um mínimo de coesão para se desenvolver e sobreviver ao longo do tempo. As forças de atração entre seus membros devem ser sempre superiores às de recusa ou desaprovação. Um grupo torna-se inviável (do ponto de vista da saúde grupal) se as forças de negação forem mais potentes que as de aceitação.

Influência

Em um grupo as pessoas se influenciam mutuamente (tanto para o bem quanto para o mal), o que indica a possibilidade de boas produções, o engrandecimento de seus componentes e a necessidade de alerta para eventuais efeitos nocivos entre e sobre alguns deles.

Motivos

São impulsos que geram certos gêneros de comportamentos com o objetivo de satisfazer as necessidades individuais. São os motivos que orientam a conduta por trás de uma meta grupal. O grupo continua existindo porque pode satisfazer melhor as próprias necessidades, desejos, aflições e aspirações. As exigências individuais diferem e o grupo não satisfaz necessidades idênticas a todos os membros do grupo nem o faz do mesmo modo para todos.

Metas grupais

As forças grupais se sobrepõem às individuais, o que imprime a necessidade de identificá-las e reforçá-las em propostas que promovam mobilização, integração e articulação. As metas do grupo orientam as atividades em certas direções, podendo ser claramente definidas ou ocultas; elas são influenciadas pela natureza dos motivos individuais e também influenciam o comportamento individual de seus membros. Os motivos de cada membro do grupo influenciam a direção de uma meta grupal porque essa meta deverá provocar satisfação em cada um de seus membros (caso contrário, não será aceita).

Papéis

O grupo apresenta duas dimensões sob as quais as pessoas se relacionam: a horizontal (que se refere aos afetos naturais entre seus membros) e a vertical (relativa à distribuição de tarefas e papéis, à identificação e ao reconhecimento de lideranças entre seus componentes). As duas dimensões podem apresentar-se simultaneamente: a horizontal pressupõe equidade de *status* entre os participantes; e a vertical acolhe e valoriza as diferenças, evidenciando evolução grupal.

Liderança

Nenhum grupo prescinde de liderança. No início essa função está localizada no facilitador do grupo (o que a princípio pode caracterizar certa dependência do grupo em relação a ele), mas, com o desenvolvimento grupal, a liderança vai se distribuindo entre os participantes, passando o facilitador a desempenhar funções de "organizador" geral.

Homeostase/equilíbrio

O grupo não suporta membros isolados ou com dificuldades de integração por muito tempo. Deve haver mecanismos de controle e avaliação grupais que apresentem soluções para eventuais casos como esses. A insistência ou permanência prolongada pode enfraquecer um grupo e causar intensos sofrimentos aos que não conseguem integrar-se.

Conformidade

O indivíduo se comporta de forma diferente estando em grupo e sozinho. O contato com outras pessoas suscita no indivíduo um comportamento diferente daquele que teria se estivesse sozinho; esse dom do grupo faz com que seus membros se amoldem a finalidades e valores aprovados pelo próprio grupo. A pressão franca e sutil influencia o comportamento individual, e a conformidade se dá porque as pessoas desejam a aprovação e aceitação do grupo.

Normas

Normas sociais podem ser definidas como padrões ou expectativas de comportamentos partilhados pelos integrantes de um grupo, que utilizam esses padrões para julgar a propriedade ou adequação de suas análises, seus sentimentos e comportamentos. Todo grupo, não importa o tamanho, necessita estabelecer normas para poder funcionar adequadamente; por exemplo, um casal que estabelece normas a serem cumpridas por ambos, no propósito de evitar atritos e gerar uma convivência mais harmoniosa. Em grupos de pouca coesão pode haver dificuldade no estabelecimento de normas, devido à multiplicidade de interesses. As normas sociais facilitam a vida dos membros de um grupo. Elas não são necessariamente explícitas, mas partilhadas, conhecidas e seguidas pelos integrantes e, geralmente, quem não aceita as normas é isolado pelos demais participantes do grupo.

Status

É o prestígio desfrutado por um membro do grupo. Pode ser como o indivíduo se percebe, *status* subjetivo, ou pode ser o resultado do consenso do grupo sobre esse indivíduo, o chamado *status* social. O primeiro pode ou não corresponder ao segundo. A falta de equilíbrio entre os *status* pode causar problemas de adaptação do indivíduo no grupo. Se ele possui *status* subjetivo elevado e baixo *status* social, deverá sentir-se desconfortável no grupo, sendo provável ocorrer um desligamento. Se o caso for o contrário, *status* subjetivo baixo e alto *status* social, ele poderá permanecer no grupo, devido ao tratamento amistoso por parte dos integrantes, mas isso poderá causar dificuldades de funcionamento no grupo. O *status* subjetivo faz com que a pessoa espere receber do grupo determinadas recompensas. Quando não há harmonia entre as expectativas e a realidade, surgem os problemas de adaptação do indivíduo ao grupo. É o caso das mulheres executivas que ganham mais do que seus maridos. Elas passaram a esperar, devido ao aumento do *status* subjetivo, outras recompensas do grupo familiar.

8. Aplicabilidade da vertente tecnológica da dinâmica de grupo

Para Suely Andrade (1999), as dinâmicas de grupo sob a vertente tecnológica podem ser aplicadas em grupos nas empresas, nas escolas, nas organizações em geral e em outras entidades. Podem ainda ser aplicadas em seleção, treinamento e desenvolvimento, integração, avaliação em geral, grupos de sensibilização, descontração, levantamento de necessidades, autoavaliação e na clínica (em processos de amadurecimento terapêutico, autoconhecimento, supervisão de casos clínicos).

De acordo com Carneiro (1998), são múltiplas as aplicações técnicas da dinâmica grupal, e, por conseguinte, também múltiplos são os campos dos saberes humanos que podem ser beneficiados com seus conhecimentos como a saúde, educação, serviço social, administração de empresas, política, esportes, religião, etc. No entanto, os que mais se destacam são a saúde, a educação, a organização e o serviço social.

Saúde

A área da saúde humana concentra os resultados mais promissores das aplicações práticas da dinâmica grupal. O destaque cabe às psicoterapias grupais. Além desse campo de aplicação, os trabalhos grupais têm se mostrado de grande utilidade em muitas outras áreas da saúde humana, por exemplo:

- **GRUPOS OPERATIVOS EM DOENÇAS ORGÂNICAS.** Os grupos operativos de Pichon-Rivière são muito utilizados como adjuvantes no tratamento de pessoas com doenças orgânicas consideradas crônicas. Em diversas instituições médicas têm sido formados grupos operativos com portadores de diabetes, nefropatias, tuberculoses, etc. com objetivos diversos.
- **GRUPOS BALINT.** Nos hospitais de ensino universitário são aplicadas muitas técnicas grupais para facilitar a formação e o aperfeiçoamento médico. Entre essas técnicas, situam-se os Grupos Balint. Esses grupos – cujo nome homenageia o psicanalista inglês Michel Balint, que, nos anos 1950-1960, desenvolveu essa técnica grupal – consistem, basicamente, em discutir a dinâmica das relações humanas contidas no bojo das situações clínicas trazidas pelos médicos participantes do grupo, na medida em que experimentavam e reconheciam neles próprios os dinamismos inconscientes inerentes a essa tarefa. Nas reuniões busca-se fazer com que os integrantes do grupo desenvolvam a capacidade de refletir acerca dos fenômenos relacionais inconscientes. Essa capacidade de reflexão implica o desenvolvimento simultâneo das capacidades para perceber, sentir, pensar, agir e, especialmente, o "aprender a aprender" manejar as diversas situações no dia a dia da atividade clínica.
- **GRUPOS DE AUTOAJUDA.** Um movimento grupal que se universalizou e se diversificou graças a uma imagem modelada por poucas ideias simples, mas bastante poderosas. Integram pessoas comuns com um problema comum que se reúnem, partilham seus problemas e aprendem umas com as outras, sem utilizar-se da ajuda de profissionais, em *settings* que os membros do grupo possuem e controlam.

Educação

A pedagogia dos grupos permite uma síntese perfeita entre instrução e socialização do indivíduo. Todas as vertentes da dinâmica grupal contribuem para essa perfeição, no entanto, foram as teorias de Lewin (1965) e de Moreno (Minicucci, 1991) que mais contribuíram para esse objetivo pedagógico. Os postulados lewinianos se referem mais à apreensão do conhecimento dentro do processo de aprendizagem; e os achados morenianos são diretamente aplicáveis no treinamento do papel do educador no processo de sua formação profissional.

- **APREENSÃO DO CONHECIMENTO.** As experiências de Lewin permitiram o desenvolvimento de uma nova mentalidade pedagógica em que se destacam três princípios: no primeiro, o grupo (classe) não é concebido como ambiente de competição, mas, sim, como ele mesmo, um fator de cooperação, sendo por isso um objeto de sua própria instrução; o segundo considera que o papel do facilitador (professor) é motivar o grupo, controlar seu funcionamento e seus resultados, e ajudá-lo a definir suas dificuldades; por fim, o terceiro implica um método pedagógico ativo em que os alunos, pelas próprias experiências, devem chegar ao conhecimento.
- **MÉTODOS PARA FORMAÇÃO DE EDUCADORES.** Utilização de técnicas psicodramáticas em que o educador é levado a refletir ora se colocando no papel de aluno, ora no papel de professor.

Organização

Esse é o campo em que mais se universalizou a utilização da dinâmica de grupo. Atualmente é muito utilizada pelos profissionais de recursos humanos nos serviços de seleção, treinamento, avaliação de potencial e levantamento de necessidades para fins de diagnóstico.

- **SELEÇÃO.** Nos processos seletivos, após a identificação das competências necessárias para uma determinada função, os profissionais da área planejam uma intervenção com utilização de técnicas de grupo com o intuito de levar os candidatos a apresentarem os comportamentos relacionados à competência em questão. Dessa forma, o facilitador do grupo (selecionador) convida seus membros a participarem das atividades propostas que podem ser realizadas individualmente, em duplas, em pequenos grupos ou em um único grupo. Como o objetivo maior da aplicabilidade das técnicas de grupo é a avaliação do perfil dos candidatos, a atuação do facilitador se restringe à aplicação das técnicas e à observação, não levando, portanto, o grupo a refletir sobre o que ocorreu no aqui e agora.
- **TREINAMENTO.** Nos processos de treinamento é comum a utilização de técnicas vivenciais, notadamente nos programas que têm por objetivo levar seus participantes a promoverem mudanças de comportamento ou de atitudes. De acordo com Neiva (2010), mudança alguma pode ocorrer sem que a necessidade dela seja primeiramente percebida e sentida pelo grupo, e ninguém muda sem ter consciência e desejo de mudar. Portanto, as técnicas de grupo muito contribuem para que as pessoas tomem consciência das consequências de suas ações por meio da reflexão sobre o impacto que sua conduta, e a dos demais componentes, promoveu no processo grupal durante a realização da atividade proposta. Provocar algum tipo de mudança no sentido de desenvolvimento pessoal é o objetivo desse tipo de intervenção, levando as pessoas a obterem *insights* significativos e facilitadores de mudanças.
- **AVALIAÇÃO DE POTENCIAL.** Muito utilizado nos processos de gestão de pessoas e *coaching* visa buscar o autoconhecimento de um indivíduo ou grupo por meio da avaliação de algumas competências para melhor compreensão do potencial humano com vistas a progressão (promoção) ou ao redirecionamento de carreira. A avaliação de potencial é de grande relevância, podendo ser utilizada para a empresa

identificar e aproveitar adequadamente os talentos internos e identificar necessidades de desenvolvimento de seus colaboradores. No processo de avaliação de potencial, a dinâmica de grupo se apresenta como mais uma ferramenta ao lado de outras, como pesquisa de interesses e habilidades profissionais; instrumentos de análise de perfil e entrevista psicológica.

- **LEVANTAMENTO DE NECESSIDADES PARA FINS DE DIAGNÓSTICO.** As dinâmicas de grupo podem ser utilizadas com o objetivo diagnóstico em que o grupo é convidado a participar de algumas atividades (técnicas de grupo) e a refletir sobre os aspectos restritivos e impulsionadores do acontecer grupal. A partir dessa análise, é possível identificar necessidades de treinamento ou de outras intervenções psicossociais.

Serviço Social

Essa área foi uma das primeiras a reconhecer explicitamente que os grupos podem ser orientados de forma a obterem dos seus participantes as modificações desejadas. São utilizadas principalmente em projeto de ação social e de resolução de problemas coletivos.

9. Aprendizagem, estilos de aprendizagem e andragogia

Um dos objetivos dos grupos é a aprendizagem e a aquisição de conhecimentos. Para Kurt Lewin (1965), o conhecimento é um processo de transformação, constantemente criado e recriado por tensões e conflitos que ocorrem por meio da interação entre indivíduo e ambiente. O conhecimento envolve experiências concretas, observações e reflexões, não podendo ser adquirido e transmitido imutavelmente, pois não é um produto e, sim, resultado de um processo.

Para David Kolb (1984), aprendizagem pode ser definida como uma mudança relativamente estável no comportamento de um indivíduo; ocorre quando esse indivíduo se envolve em uma atividade, a analisa criticamente, extrai um *insight* significativo dessa análise e aplica seu resultado. A esse processo, Kolb denominou *aprendizagem vivencial*.

Para o autor, a aprendizagem "é o processo pelo qual o conhecimento é criado através da transformação da experiência" (Kolb, 1984, p. 38). Esse processo é definido em seu modelo cíclico composto por quatro componentes: experiência concreta (ou "fazer"); observação reflexiva; conceituação abstrata (ou "pensar") e experimentação ativa (ou "plano")

O ciclo de quatro estágios de Kolb mostra como a experiência é traduzida em conceitos pela reflexão e que, por sua vez, são usados como guias para a experimentação ativa e a escolha de novas experiências. A primeira

FIGURA 2. CICLO DE APRENDIZAGEM EXPERIENCIAL DE DAVID KOLB

etapa do ciclo, denominada *experiência concreta (CE),* é aquela em que o indivíduo experiencia ativamente uma atividade. A segunda fase, denominada *observação reflexiva (OR),* é aquela em que o indivíduo consciente reflete sobre essa experiência. Na terceira etapa, *conceituação abstrata (CA),* o indivíduo tenta conceituar uma teoria ou modelo do que é observado. A quarta etapa, denominada *experimentação ativa (EA),* ocorre quando o indivíduo planeja como testar um modelo ou teoria em uma próxima experiência.

De modo sintético:

- **EXPERIÊNCIA CONCRETA (EC):** ser capaz de envolver a si mesmo em novas experiências;
- **OBSERVAÇÃO REFLEXIVA (OR):** habilidade de refletir sobre essas experiências;

- **CONCEITUAÇÃO ABSTRATA (CA):** ser capaz de criar conceitos que integrem suas observações de forma lógica em teorias;
- **EXPERIMENTAÇÃO ATIVA (EA):** capacidade de usar essas teorias para tomar decisões e resolver problemas.

Para Kolb, as pessoas aprendem de formas diferentes, que definem o estilo preferido de aprendizagem. Um estilo de aprendizagem é um método que uma pessoa utiliza para adquirir conhecimento, sendo que cada indivíduo aprende de um modo pessoal e único. É, portanto, o modo como um indivíduo se comporta durante o aprendizado; é a forma como cada pessoa se concentra, processa, internaliza e retém uma nova informação.

O autor considera a aprendizagem como um processo, e não em termos dos resultados obtidos na forma de acúmulo de conhecimentos ou respostas a estímulos. A construção de novos conhecimentos, habilidades ou atitudes exige que o indivíduo desenvolva quatro diferentes capacidades ou que aprenda mais facilmente por meio de um estilo de aprendizagem mais dominante.

Para Kolb, existem quatro diferentes estilos de aprendizagem: divergente (caracterizado pela orientação para pessoas e visão por distintas perspectivas); assimilador (ligado a ideias e conceitos abstratos e à construção de teorias); convergente (exímio em lidar com questões técnicas e resolver problemas); e acomodador (bom em operacionalizar planos e assumir riscos).

Quanto mais forte for determinada preferência, mais importante será atendê-la. É ideal para o instrutor/professor atender a tantas preferências quanto possíveis.

O estilo de aprendizagem preferencial ajuda a explicar por que um indivíduo pode aprender a dizer todo o alfabeto após ler um livro de alfabetização, enquanto outro aprende a mesma coisa brincando com blocos de construção que contêm letras. Os estilos de aprendizagem podem mudar ao longo do tempo, em função da maturidade do indivíduo.

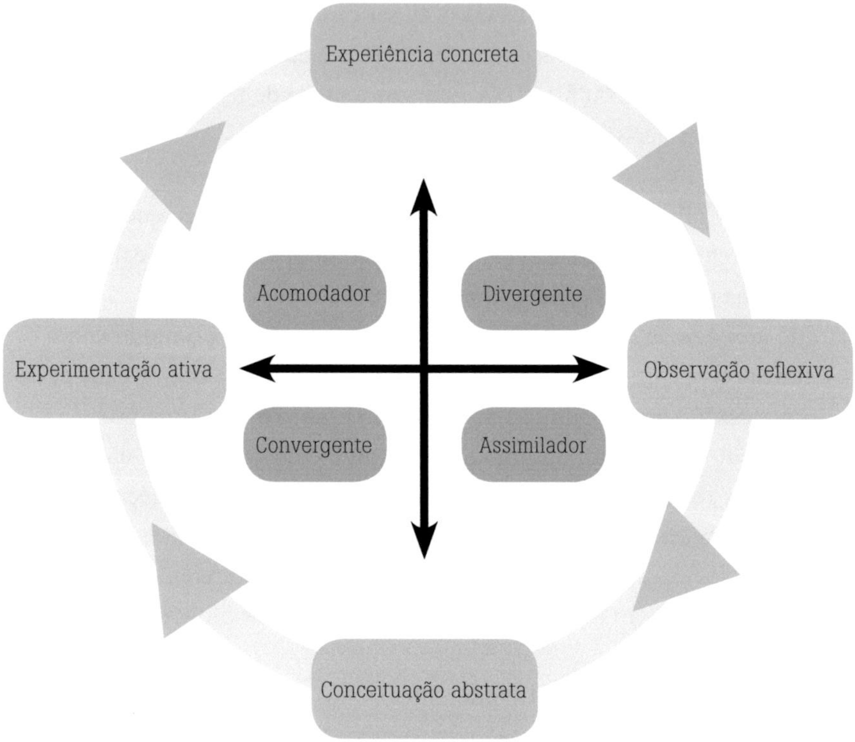

FIGURA 3. OS QUATRO ESTILOS BÁSICOS DE APRENDIZAGEM DE DAVID KOLB

Fonte: Adaptado de Kolb (1984, p. 42).

A tabela 6, a seguir, apresenta os comportamentos mais frequentes em cada estilo de aprendizagem.

TABELA 6. ESTILOS DE APRENDIZAGEM DE KOLB

Estilo de aprendizagem	Características de aprendizagem	Descrição das habilidades	Ocupação/ características
Convergente	Conceituação abstrata + Experimentação ativa	• Forte na aplicação prática das ideias. • Foca na razão dedutiva de problemas. • Não emotivo. • Possui interesses bem definidos.	Ciências exatas (*hard Science*)
Divergente	Experiência concreta + Observação reflexiva	• Forte habilidade imaginativa. • Muito bom na generalização de ideias e enxerga sob diferentes perspectivas. • Demonstra interesse nas pessoas. • Amplo interesse cultural.	Aconselhamento pessoal Desenvolvimento organizacional
Assimilador	Conceituação abstrata + Observação reflexiva	• Forte habilidade para a criação de modelos teóricos. • Sobressai-se no raciocínio analítico. • Preocupa-se mais com conceitos abstratos do que com pessoas.	
Acomodador	Experiência concreta + Experimentação ativa	• Grande força para realizar tarefas. • Mais do que um apostador de risco. • Reage imediatamente quando exigido. • Resolve os problemas intuitivamente	*Marketing* e vendas

Fonte: Adaptado de Kolb & Fry (1975, pp. 35-36).

O conhecimento dos estilos de aprendizagem permite que se planeje de maneira adequada os recursos que serão utilizados no processo de ensino--aprendizagem ou em uma intervenção psicossocial em um grupo, seja ele psicoeducativo ou socioeducativo.

Cada pessoa aprende de uma maneira. Compreender a forma como se processa a aprendizagem ajuda o facilitador a lidar de forma mais adequada com as pessoas, com os problemas e com as situações. Compreender como as pessoas aprendem ajuda o facilitador a aflorar o melhor que elas podem oferecer.

Para identificar o estilo de aprendizagem preferencial, Kolb desenvolveu o teste Estilos de Aprendizagem (Tabela 6).

Andragogia

Para compreender o processo de aprendizagem dos adultos é necessário conhecer e entender aspectos da andragogia, que é a arte de ensinar adultos.

O conceito foi desenvolvido na década de 1970 por Malcolm Knowles (*apud* Carvalho *et al.*, 2010, p. 81), que considera pontos que evidenciam por que uma pessoa se envolve ou não em um processo de aprendizado. Isso inclui a valorização de experiências já vividas, a forma como o próprio adulto se enxerga dentro da sala de aula, quais são suas expectativas e motivações e como isso se dá em sua vida real, na ocasião de seu retorno ao ambiente de trabalho.

Segundo Hamze (2008), a andragogia é um caminho educacional que busca compreender o adulto considerando-o uma pessoa já dotada de uma consciência formada, com hábitos e situações de vida e de trabalho que não podem ser arbitrariamente modificados.

Para Carvalho *et al.* (2010), os alunos adultos são conscientes de suas habilidades e experiências, e exigem mais envolvimento no processo de aprendizagem. O professor deve transformar-se em facilitador, isto é, em um agente de transformação.

Na andragogia, a aprendizagem é de responsabilidade compartilhada entre professor e aluno ou entre facilitador e o grupo, e se fundamenta no aprender fazendo. Ela respeita as características específicas da natureza da pessoa adulta em seu processo de aprendizagem, utilizando-se de métodos e técnicas de grupo que atendam às características de idade, cultura e motivação das pessoas como propulsores do processo de aprendizagem.

De acordo com Waal e Telles (2004), são cinco os princípios seguidos pela andragogia:

- **AUTONOMIA:** o adulto sente-se capaz de tomar as próprias decisões e gosta de ser percebido e tratado como tal pelos outros.
- **EXPERIÊNCIA:** a experiência acumulada pelos adultos oferece uma base para o aprendizado de novos conceitos e novas habilidades.
- **PRONTIDÃO PARA A APRENDIZAGEM:** o adulto tem maior interesse em aprender aquilo que está relacionado com situações reais de sua vida pessoal e profissional.
- **APLICAÇÃO DA APRENDIZAGEM:** as visões de futuro e tempo do adulto levam-no a favorecer a aprendizagem daquilo que possa ter aplicação imediata, o que tem como corolário uma preferência pela aprendizagem centrada em problemas em detrimento de uma aprendizagem centrada em áreas de conhecimento.
- **MOTIVAÇÃO PARA APRENDER:** os adultos são mais afetados pelas motivações internas do que pelas externas. As motivações internas estão ligadas aos valores e objetivos de cada pessoa. As motivações externas estão ligadas tanto ao desejo de obter prêmios ou compensações quanto ao desejo de evitar punições.

10. O Ciclo de Aprendizagem Vivencial (CAV)

A aprendizagem pode ocorrer por meio de dois processos: dedutivo e indutivo. No primeiro, a pessoa considera a verdade aprioristicamente. Já no segundo, a pessoa se envolve na atividade, a analisa criticamente, extrai um *insight* útil e aplica seus resultados.

A dinâmica de grupo oferece ao indivíduo a possibilidade de se envolver em uma atividade, e a partir dela é gerado um contexto no qual o processo de aprendizagem é facilitado. Para facilitar essa técnica, a dinâmica de grupo lança mão da metodologia do Ciclo de Aprendizagem Vivencial (CAV), apresentada por Gramigna (2007), que tem por base o Ciclo de Aprendizagem Experiencial de quatro fases de David Kolb. O CAV envolve cinco etapas: vivência, relato, processamento, generalização e aplicação.

- **VIVÊNCIA.** É o estágio inicial da aprendizagem, etapa geradora de dados a partir de um exercício estruturado para isso. É a etapa do fazer, de realizar uma tarefa ou de participar de uma dinâmica de grupo. Muitas vezes esse estágio é associado a jogos e divertimentos pelo aspecto lúdico da própria fase. As atividades podem ser desenvolvidas individualmente, em duplas, em trios, em pequenos grupos ou em um único grupo. São os objetivos da aprendizagem que indicam a atividade e o tipo de grupo mais apropriados. Como a aprendizagem indutiva se dá por meio da descoberta, o que será aprendido não poderá ser especificado *a priori*. Nessa fase, o que se pretende é desenvolver uma base comum de dados para a discussão que vem em seguida. O que acontecer na atividade (esperado ou não), torna-se a matéria-prima para uma análise crítica que será desenvolvida na próxima etapa do CAV.

- **RELATO.** Essa fase é análoga à alimentação de dados, em informática. Os membros do grupo são levados a compartilhar o que viram e como se sentiram durante o jogo, tornando disponível, para o grupo, a experiência de cada indivíduo, seus sentimentos, suas emoções e reações.
- **PROCESSAMENTO.** Esse é o estágio central do CAV. A partir das experiências compartilhadas, os participantes reconstroem os padrões de comportamento e as interações com base nos relatos fornecidos na

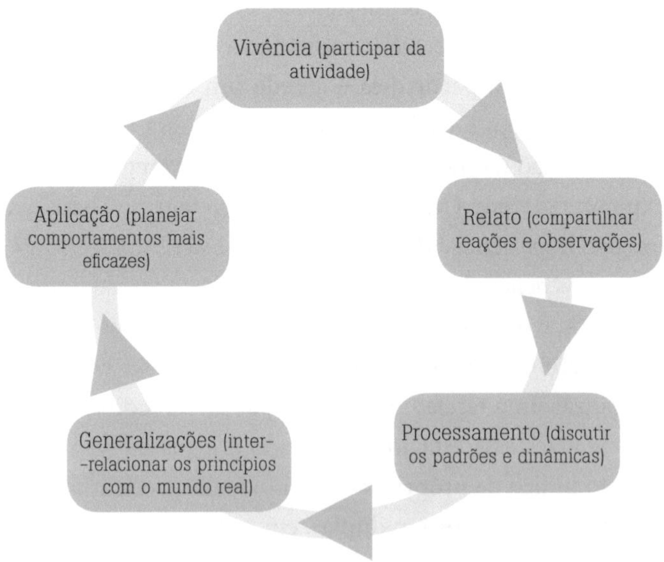

FIGURA 4: CICLO DE APRENDIZAGEM VIVENCIAL

Fonte: Adaptado de Gramigna, Maria Rita (2007, p. 20).

etapa anterior. É uma discussão profunda das experiências, necessária para a generalização que vem em seguida. Se atém à dinâmica e não ao significado, pois o que se passou na vivência foi planejado.

- **GENERALIZAÇÃO.** É o salto referencial do exercício estruturado da realidade da atividade para a realidade da vida cotidiana dos participantes do grupo cujo objetivo é extrair do processo alguns princípios. Esse estágio é o que torna o exercício prático, e o facilitador pode apresentar conclusões teóricas para enriquecer a aprendizagem produzida indutivamente.
- **APLICAÇÃO.** Nessa fase do CAV, a pergunta-chave que deve ser feita é: "E agora?". O facilitador ajuda os participantes a transferirem generalizações para situações reais nas quais estão envolvidos.

11.
O papel do facilitador de grupos

O profissional que conduz um grupo recebe várias denominações, por exemplo, monitor, coordenador, facilitador, diretor, terapeuta, animador, interventor, responsável pelo grupo. A escolha da denominação mais apropriada dependerá da abordagem teórica por ele adotada. Como o enfoque deste livro é a facilitação dos processos de autoconhecimento e o desenvolvimento das habilidades interpessoais por meio dos acontecimentos do aqui e agora, será adotado o termo facilitador.

A dinâmica de um grupo possui leis e fenômenos próprios, cabendo ao facilitador estar atento ao processo grupal com o objetivo de compreender os significados das relações humanas, percebendo e decodificando a linguagem grupal manifestada no inter-relacionamento dos membros que o compõe. Deve acolher, analisar e devolver de maneira adequada para o grupo as emoções contidas na dinâmica grupal, compreendendo seu visível e seu invisível, ou facilitando o seu emergir.

É também seu papel conduzir os indivíduos a se conscientizarem de suas relações com os outros membros, o que promove o desenvolvimento pessoal de cada um. Para isso, é preciso que tenha sensibilidade e percepção para observar e interpretar os processos emergenciais do grupo.

De acordo com Beatriz Pinheiro,

> o lugar do coordenador de um Grupo é de extrema responsabilidade diante da vida. Nele serão depositadas aspirações, dificuldades, facilidades,

> esperanças, projeções, rejeições e emoções da cultura grupal. Essa função exige extrema precisão na leitura dos fenômenos grupais, aliada a grande perspicácia, firmeza, rapidez, fundamentação teórica e "jogo de cintura", para que todas as forças que emergem do grupo sejam bem aproveitadas, sem nenhum tipo de destruição. (2002, p. 49)

Atuar como facilitador de grupos exige formação adequada e investimentos em seu próprio desenvolvimento, pois, como bem observa Gayotto (2003), esse profissional entra em contato com os conteúdos mais implícitos (ou inconscientes) do grupo, buscando explicitá-los, desvendando suas resistências às mudanças e ao desenvolvimento interpessoal.

Em um grupo, o facilitador deve exercitar sua capacidade de percepção, de intuição e de empatia, explorar as lideranças espontâneas e a situação vivenciada (reflexão), conduzindo o grupo a aprendizagens profundas do aqui e agora. Para fazer uma intervenção adequada, deve entrar em sintonia com o grupo, atrair e ser atraído por ele, produzir o contato em que é possível a troca e a influência real.

O facilitador precisa se colocar discretamente no grupo, e sua presença precisa ser não contaminadora, isto é, ele deve sentir sem vivenciar o processo; criar um terceiro olho que se posiciona à parte do que está acontecendo no grupo, mas que está atento a todo acontecer grupal e pronto a memorizar falas importantes, fatos relevantes, situações não desveladas e invisíveis, intenções dissimuladas, as entrelinhas das comunicações e os conteúdos latentes.

De acordo com Áurea Castilho (2001), a personalidade do facilitador, sua maneira de pensar, sentir e agir determinam seu modo de atuar no grupo e sua percepção e observação dos processos grupais. Como o facilitador – em seu compromisso de participação quanto à direção assumida no grupo – é corresponsável pelos caminhos que o grupo segue, pelos assuntos discutidos e pelas decisões tomadas, é importante que desenvolva, então, sistematicamente, sua capacidade de observação como processo ativo, deixando de ser mero espectador, para obter dados valiosos à compreensão dos processos grupais.

Para Andaló (2001), o facilitador de grupos, além de gostar de atuar com grupos, deve desenvolver os seguintes atributos: ter coerência e senso de ética; respeitar as características individuais dos participantes do grupo; ser paciente; ser continente, acolhendo e contendo as necessidades e angústias trazidas pelo grupo; conter as próprias angústias; ser hábil na comunicação verbal e na não verbal; conhecer a si mesmo, seus valores e idiossincrasias; ter empatia; ser capaz de extrair um denominador comum dentre as várias comunicações do grupo, sintetizando-as; e atuar como ego auxiliar para que perceba, conheça, discrimine e critique o grupo, ajudando-o a se desenvolver.

Cabe ao facilitador fornecer um ambiente aconchegante e seguro, oferecendo às pessoas um ambiente confortável para revelar assuntos pessoais. Nesse ambiente de acolhimento, é prioritário o cuidado e o respeito pelos indivíduos, por seus sentimentos e suas opiniões, incentivando o acontecer grupal. Seu papel deve estar relacionado à estruturação dos processos grupais, ao acompanhamento das demandas do grupo relacionadas à tarefa.

Para Afonso, o papel do facilitador é:

> facilitar a expressão e as trocas dialógicas, a circulação da palavra, as articulações entre reflexão e experiência, a análise das resistências à tarefa, o reconhecimento e a negociação de conflitos, a dinamização da rede de comunicação e dos processos de cooperação e aprendizagem. (2010, p. 104)

O facilitador deve promover a reflexão dos sentimentos envolvidos na atividade proposta para o grupo se desenvolver. Não raras vezes deverá decidir se deve insistir e explorar uma questão do grupo ou deixar para trabalhar os mesmos conflitos em outra ocasião ou mesmo em outra sessão.

Em todos os momentos do processo de intervenção, o facilitador deve ter em mente os princípios que embasam sua atividade, os objetivos da intervenção e seu papel, devendo buscar uma relação cooperativa com os membros do grupo, convidando-os a participarem das atividades e técnicas de grupo que forem realizadas, contribuindo assim para o desenvolvimento do processo grupal, estimulando a expressão de todos os participantes, fazendo emergir o não falado, o implícito, o invisível.

De acordo com Neiva,

> ao longo de toda a intervenção, o profissional deve estar atento aos processos grupais incluindo a integração, a comunicação, as lideranças, o interjogo de papéis e os emergentes (a partir das expressões trazidas pelos porta-vozes sobre as ansiedades do grupo). A dinâmica grupal deve ser sempre analisada e compreendida em conjunto, pelo interventor e pelos integrantes do grupo-alvo. (2010, p. 51)

12. Postura de um facilitador

A postura do facilitador deve ser assertiva, de forma a favorecer um clima de confiança e maior abertura entre os participantes. Deve estar aberto a ouvir cada membro do grupo, respeitar posições contrárias, reconhecer que todos podem contribuir e agir a fim de evitar competições destrutivas.

A dinâmica de grupo permite não somente a inserção do indivíduo no grupo e a qualidade de suas inter-relações, mas também possibilita a avaliação de suas características emocionais.

Nas intervenções em que for aplicar técnicas de grupo, é fundamental que o facilitador:

- conheça todos os passos da técnica de grupo para aplicá-la com segurança;
- tenha clareza de onde se quer chegar, qual o objetivo e a função da técnica dentro do processo a ser desenvolvido, entendendo-a como um instrumento;
- possibilite um clima de espontaneidade em que os participantes sintam-se livres e à vontade para participar da vivência;
- perceba o nível de relações e entendimento do grupo, pois nem toda técnica de grupo se adapta bem a qualquer um. Ela pode ser um instrumento enriquecedor se for bem utilizada e se o grupo estiver em condições de vivenciá-la;

- observe as expressões corporais, sobretudo as expressões faciais dos participantes, no decorrer da realização da técnica de grupo, para perceber as reações de cada participante;
- saiba que qualquer que seja o resultado alcançado com uma técnica, a experiência será o objeto da reflexão e da aprendizagem, pois a técnica em si não possui resultado certo ou errado, o que é relevante é o processo grupal;
- note que as técnicas de grupo devem ser adaptadas de acordo com a realidade e o tamanho do grupo;
- lembre-se de que cabe a ele a preparação prévia do espaço físico e do material necessário para a aplicação da técnica de grupo;
- zele pela integridade física e psicológica dos participantes garantindo o sigilo do que ocorreu na sessão de intervenção.

É importante que o facilitador detenha a técnica, que esteja aberto para o diferente e disponível para o diálogo, não se considerando o dono da verdade, pois deve respeitar limites, necessidades e valores de cada indivíduo e dos grupos sociais. Essa postura é importante para o facilitador não somente na condução de uma atividade como também durante o seu fechamento e sua avaliação.

Para criar um clima de aprendizagem nos grupos, Lewin (em Mailhiot, 1991, pp. 118-119) sugere que o facilitador desenvolva três atitudes pedagógicas em relação aos participantes do grupo:

- **SEJA NÃO DIRETIVO.** Todo indivíduo traz em si aspirações, cabendo ao facilitador ajudá-lo a eliminar o que constitui os obstáculos ao seu objetivo. Para isso, deve adotar uma atitude não diretiva, marcada de permissividade e aceitação, inspirando cada indivíduo a autodeterminar-se, segundo o próprio ritmo, a iniciar-se em relações interpessoais mais alocêntricas, isto é, centralizadas em outra pessoa.
- **OS RECURSOS DO GRUPO.** O facilitador deve contar cada vez mais com os recursos do grupo para acelerar e intensificar as aprendizagens que iniciaram, recusando-se a assumir o papel de *leadership* durante

a experiência, desencorajando a dependência dos participantes e favorecendo a emergência de uma interdependência cada vez maior entre os membros do grupo. Os participantes descobrem, à medida que suas trocas são mais transparentes, que eles ensinam uns aos outros as exigências da autenticidade, assim como as condições de relações interpessoais em uma base de verdadeira complementariedade.

- **O VIVIDO AQUI E AGORA.** A atuação do facilitador deve ser centrada no vivido aqui e agora do grupo, levando os participantes a questionarem seus modos habituais de se comunicar uns com os outros.

Independentemente do ambiente em que a intervenção ocorre (instituição pública ou privada, hospital, escola ou empresa), a presença do facilitador no grupo deve ser discreta. Suas roupas devem ser sóbrias e o uso de acessórios, discreto. As mulheres devem evitar o uso de decotes, saias muito justas ou curtas e calça de cintura baixa com miniblusa. Nos homens, é conveniente evitar o uso de regatas, chinelos e bermudas.

13. O que observar nos grupos

Para Fela Moscovici (2008), um bom facilitador é antes de tudo um observador das duas dimensões dos processos grupais (cognitiva e emocional), devendo focalizar:

No nível cognitivo (tarefa) do grupo

- A sequência de comentários dos membros do grupo ao contribuírem para definir, esclarecer e resolver o problema estabelecido.
- As contribuições individuais nas tentativas de resolver a tarefa proposta ao grupo. Esse aspecto do nível cognitivo do grupo se relaciona às funções de tarefa, com foco em cada contribuição individual.

No nível emocional do grupo

- A sequência de comentários que refletem o estado emocional do grupo. Cabe ao facilitador identificar a expressão direta ou indireta de sentimentos ou atitudes tanto em relação à liderança quanto em relação aos membros entre si, como também a qualidade emocional geral das relações dentro do grupo – por exemplo, a existência de subgrupos do grupo total. Essa observação frequentemente mostra indícios dos problemas de sentimentos e relações que surgem como obstáculos para o trabalho produtivo, mas não são reconhecidos nem discutidos pelo grupo.

- As manifestações individuais que refletem reações emocionais de cada membro em particular e sua contribuição para a modalidade grupal. Quando e em quais circunstâncias o indivíduo faz uma intervenção verbal ou não verbal como linguagem, postura, expressões faciais, movimentos de mãos e pés, maneirismos, etc.? Como a intervenção se desenvolve no grupo? A intervenção diverge e modifica o nível e as características da comunicação emocional dos demais membros do grupo?

Com o auxílio de roteiros de observação, ou mesmo de forma livre, podem também ser focalizados nos grupos os seguintes aspectos:

- **CONTEÚDO *VERSUS* PROCESSO:** o que o grupo faz e como o faz;
- **ATIVIDADES DOS PARTICIPANTES:** atividades rotineiras ou criativas; nível de produtividade; tendência a concordar; polidez; formalidade; quem domina o grupo; autodisciplina de cada membro nas discussões; interesse real;
- **ATIVIDADES DO GRUPO COMO UM TODO:** forma de organização do grupo; existência de liderança e seus estilos (autocrático, democrático, *laissez-faire*, demagógico); dominação de alguns membros; aproveitamento do tempo e dos recursos materiais e humanos; conteúdo dos debates; nível de participação de todos os membros e suas atitudes; entrosamento; cordialidade; hostilidade; agressividade;
- **PROCESSO DA COMUNICAÇÃO:** quem fala, quanto fala, a quem se dirige, se interrompe alguém ou se sua fala sucede outra, estilos de comunicação (agressivo, passivo, assertivo);
- **METABOLISMO GRUPAL:** nível energético do grupo e como a energia se mantém ao longo do tempo; ritmo de atividade; clima socioemocional; atitudes; entrosamento;
- **EXPRESSÃO DE IDEIAS E SENTIMENTOS:** sinceridade; confiança; troca de ideias; diferentes pontos de vista; liberdade de expressão de

sentimentos e ideias; polidez e superficialidade; exposição de diferentes pontos de vista; ampla troca de ideias; sinceridade e confiança nas manifestações pessoais;

- **SUPOSIÇÕES BÁSICAS:** de dependência, de luta-fuga, de acasalamento;
- **PARTICIPAÇÃO:** a participação verbal representa o envolvimento num grupo e pode ser observada da seguinte maneira: Quem mais participa? Quem menos participa? Alguma mudança de participação, ou seja, quem muito participa de repente fica calado, e quem menos participa de repente fica falante? Observa alguma possível razão para explicar essa mudança de interação? Como são tratadas as pessoas mais silenciosas? Como é interpretado o seu silêncio? Consentem? Discordam? Desinteressam-se? Têm medo? Quem fala e a quem se dirige? Alguma razão para essas interações? Quem facilita a interação no grupo? Por quê? Alguma razão para essas interações?
- **INFLUÊNCIA:** não significa o mesmo que participação; há pessoas que falam pouco, mas captam tudo no grupo. Outros falam demais e geralmente não escutam os outros falarem. Quem mais influencia o grupo, isto é, quando fala os outros escutam? Quem influencia menos, isto é, quando fala, outros ou não o escutam ou não fazem o que é dito? Há alguma influência mentirosa no grupo? Quem manobra o grupo? Existe alguma rivalidade no grupo ou disputa pela liderança? Que efeitos essa disputa causa nos demais membros do grupo?
- **ESTILOS DE INFLUÊNCIA:** a influência pode ser positiva ou negativa; de apoio ou de cooperação ou mesmo de alienação. Existem quatro estilos que frequentemente emergem nos grupos:
  a) **AUTOCRÁTICO:** alguém tenta impor sua vontade ou seus valores, ou procura pressionar o apoio às suas decisões? Quem avalia ou julga os outros membros do grupo? Alguém bloqueia a ação, quando o grupo não toma a direção desejada? Quem motiva o grupo para se organizar?
  b) **DEMAGÓGICO:** quem apoia ativamente as decisões dos outros membros do grupo? Será que alguém insistentemente tenta evitar

conflitos ou sentimentos desagradáveis, procurando colocar um lenitivo? Existe alguém que sistematicamente evita dar *feedback* para os outros membros do grupo?

c) ***LAISSEZ-FAIRE*:** há pessoas que chamam atenção do grupo pela pouca participação? Há alguém no grupo que simplesmente concorda com as decisões do grupo sem participar delas? Quem parece não participar, mas vive longe do grupo, ou não parece ter iniciativas, ou participa mecanicamente e só responde quando interrogado?

d) **DEMOCRÁTICO:** há alguém que procura a participação de todo o grupo nas decisões ou nas discussões? Quem expressa aberta e diretamente o que sente e emite suas opiniões sem temer o julgamento e a avaliação dos outros? Quem parece estar aberto a críticas ou a *feedbacks* por parte dos outros? Quem procura resolver o problema quando as tensões aumentam?

- **PROCESSO DECISÓRIO:** como ocorre a tomada de decisão grupal, se por votação (maioria) ou por consenso (debate de ideias e sentimentos); nível de concordância; se houve domínio, receptividade nas propostas, se foram discutidas, se os esforços foram fragmentados; propostas apresentadas que não encontraram receptividade, nem foram discutidas; existência de agenda oculta. Muitas decisões são tomadas num grupo sem se levar em consideração os efeitos sobre os demais membros do grupo. Há quem procura impor a sua própria decisão sobre o grupo, enquanto outros gostam que todos participem e compartilhem do processo da tomada de decisão. Em relação ao processo de decisão, cabe ao facilitador observar:
  - Alguém toma uma decisão sem procurar a participação dos demais membros do grupo? Que efeito tem tal decisão sobre o grupo?
  - Existe algum participante do grupo que passa facilmente de um assunto a outro? Quem? Existe alguma razão para esse tipo de interação no grupo?

- Quem apoia as sugestões ou as decisões dos demais membros do grupo?
- Há busca de consenso no grupo?
- Há alguém que apresenta contribuições sem receber nenhuma resposta ou reconhecimento por parte dos demais membros do grupo?

■ **PAPÉIS FUNCIONAIS DOS MEMBROS DO GRUPO:** se relaciona com os comportamentos direcionados a tarefa e comportamentos de manutenção; papéis construtivos e papéis não construtivos; papéis funcionais; jogos de poder; triângulo perseguidor-vítima-salvador; jogos de omissão. Os papéis ilustram comportamentos que se preocupam com a realização do trabalho ou o cumprimento da tarefa que o grupo tem para executar:

- Será que alguém pede ou faz sugestões sobre a melhor maneira de proceder na solução do problema?
- Há alguém que procura resumir o que foi feito no grupo?
- Quem do grupo pede fatos, ideias, opiniões, sentimentos, *feedback* ou busca alternativas?
- Quem procura manter o grupo? Quem previne contra os que procuram fugir do assunto?

■ **MANUTENÇÃO DAS FUNÇÕES:** essas funções são importantes para o moral do grupo. Servem para manter um relacionamento bem harmonioso de trabalho e criar uma atmosfera que permita a cada membro dar o máximo de si mesmo:

- Quem ajuda os demais a participarem da discussão?
- Quem interrompe os demais durante as discussões?
- Como os demais membros conseguem apresentar suas ideias? Há pessoas despreocupadas e desatentas? Existe tentativa de tornar as ideias dos outros mais claras?
- Como são rejeitadas as ideias? Como reagem as pessoas quando as suas ideias são rejeitadas? Há pessoas que procuram apoiar as ideias rejeitadas?

- **CLIMA DO GRUPO:** o clima de um grupo pode ser agradável, cordial, interessante, produtivo, tenso, hostil, desinteressante, monótono, desagradável, frustrante, com formação de subgrupos. A maneira como o grupo trabalha cria uma atmosfera que deixa uma impressão geral sobre ele. As pessoas diferem na aceitação da atmosfera de um grupo em que gostam de trabalhar:
  - Quem parece preferir uma atmosfera amiga? Há tentativa de suprimir conflitos ou sentimentos desagradáveis?
  - Quem parece preferir uma atmosfera de conflito e discordância? Há pessoas que provocam e incomodam os outros?
  - Há pessoas que parecem interessadas e são participantes? A atmosfera parece de trabalho, de satisfação, de luta, de briga?
- **INCLUSÃO:** uma das grandes preocupações dos membros de um grupo é o grau de aceitação ou inclusão em seu meio. Existem diversas maneiras de interação que podem ser desenvolvidas em um grupo para mostrar o grau de relacionamento social dos participantes:
  - Existem subgrupos? Há pessoas que constantemente concordam com as demais pessoas do grupo ou discordam deles?
  - Existem pessoas que parecem não integradas no grupo?
- **SENTIMENTOS:** durante a discussão de grupo, frequentemente são geradas interações entre os membros do grupo que poucas vezes verbalizam o que sentem, mas que expressam seus sentimentos por meio de alterações do tom da voz, nas expressões faciais, gestos e outras comunicações não verbais:
  - Que tipos de sentimentos (raiva, irritação, frustração, calor, afeto, excitação, aborrecimento, defesa) são observados nos membros do grupo?
  - Algum membro do grupo procura bloquear os sentimentos, particularmente os sentimentos negativos? Como isso é feito? Isso ocorre mais frequentemente com algum membro do grupo?
- **NORMAS:** há normas que podem desenvolver em um grupo o controle do comportamento de seus membros. Elas geralmente expressam

os desejos da maioria, como aquilo que deveriam ou não fazer num grupo. Essas normas podem ser claras (explícitas), conhecidas por poucos, ou funcionar totalmente inconscientes por parte dos membros do grupo. Há normas que facilitam o progresso do grupo e outras o impedem:

- Há assuntos que são evitados no grupo (sexo, religião, política)? Quem parece reforçar essas normas? Como isso é feito?
- Os membros do grupo são corteses uns com os outros? Expressam somente sentimentos positivos ou também os negativos? Concordam facilmente entre si? O que acontece quando discordam?

Todos esses aspectos do comportamento humano e do processo grupal podem ser observados nos grupos. Em processos seletivos, a observação deverá focalizar as competências que estão sendo avaliadas para determinado cargo, considerando para isso o perfil de competências da vaga. É comum que os selecionadores, de posse do perfil de competências, desenvolvam um formulário de observação com dupla entrada: as competências a serem avaliadas e os candidatos que participarão do processo seletivo. É comum também se atribuir uma nota para cada competência observada no candidato, por exemplo, uma escala de 1 a 3 pontos, em que 1 significa pouco observada; 2, moderadamente observada; 3, muito observada ou acima do esperado.

TABELA 7. FORMULÁRIO DE COMPETÊNCIAS OBSERVADAS NO CANDIDATO

Candidatos	Competências				
	Flexibilidade	Foco no cliente	Liderança	Negociação	Criatividade
Maria					
João					
Mateus					
Valéria					

14. Tipos de dinâmicas de grupo

São diversas as formas de classificação das dinâmicas de grupo e neste capítulo serão enumeradas as mais utilizadas.

Técnicas de grupo

De acordo com Áurea Castilho (2001), as técnicas de grupo, ou dinâmicas de grupo, podem ser assim classificadas:

- **INTEGRAÇÃO E INCLUSÃO.** Em alguns momentos do grupo, principalmente no início, há uma necessidade de conhecimento do outro. O grupo busca esse contato intensamente, mas a resistência, às vezes, é mais forte e o grupo não sabe o que fazer ou como fazer. Então, nesse momento, se torna importante trabalhar com algumas técnicas para desbloqueio e união do grupo.
- **TÉCNICAS DE CONFRONTO.** Procuram trabalhar situações de conflitos e agressividade. Enquanto alguns têm dificuldade em externar sua agressividade, outros têm em contê-la, pois saber dosar essa emoção nem sempre é fácil. Portanto, essas dinâmicas são necessárias quando precisamos criar no indivíduo condições de enfrentar um conflito.
- **COMUNICAÇÃO NÃO VERBAL.** Esse tipo de comunicação pode não ser tão explorado, mas é o que nos dá um nível de informação mais

precioso e verdadeiro, ou seja, traz autenticidade, espontaneidade, é desprovido de verniz social, de máscaras. Logo, devemos estar conscientes em desenvolver no grupo a capacidade de se comunicar de forma não verbal e saber captar as informações não verbais existentes na interface dos grupos, pois muitas vezes as palavras são limitadas para explicar o que se sente.

- **RELAXAMENTO/CONCENTRAÇÃO.** As pessoas vivem em constante tensão e acabam se acostumando com uma couraça que as impede de ser o que são. Nesse contexto, muitas perderam até o sentido do contato com elas mesmas e com o outro. Assim, essas técnicas têm como objetivo promover o relaxamento ou uma concentração que possibilite um contato consigo e, desse modo, levar os indivíduos a se conhecerem melhor, se respeitarem e se aceitarem mais.
- **AQUECIMENTO.** Considerando que a resistência é um processo natural da evolução do grupo, pois expressa ansiedade, medo do desconhecido e da perda, o facilitador deve utilizar essa técnica a serviço do rompimento do estágio de inércia do grupo.
- **CONFIANÇA/SEGURANÇA.** Com essas técnicas se cria a possibilidade de um maior nível de confiança nas outras pessoas e segurança em si mesmo.
- **IMAGINAÇÃO/CRIATIVIDADE.** Utilizadas para atender o objetivo de despertar ou desenvolver a imaginação e o processo de criatividade dos participantes.
- **SENSIBILIDADE TÁTIL.** O objetivo é explorar os sentimentos "motores", pois o homem é demasiado visual e com isso deixa de explorar os demais sentidos e todas as sensações que eles podem oferecer.
- ***FEEDBACK* GRUPAL.** É utilizado para administração de conflitos em empresas; a ideia é que todos participem, ou seja, cada participante deve receber e dar *feedback*, atentando-se para um equilíbrio entre os aspectos positivos e negativos. Enquanto se recebe não se dá *feedback*, nem se pede explicações.

- **FOCO EM COMPETÊNCIAS.** Essa técnica é muito utilizada em seleção de candidatos e tem por objetivo observar a presença ou ausência das competências no comportamento dos participantes, a fim de decidir entre eles quem tem o perfil mais compatível com a vaga.
- **CONSCIENTIZAÇÃO.** Essa técnica visa promover maior conscientização sobre algum tema ou questão, a partir de dinâmicas que possibilitem discussões, reflexões no grupo.
- **AQUISIÇÃO DE CONHECIMENTO/TREINAMENTO.** Técnica utilizada em processos de treinamento para se trabalhar com novos conhecimentos e assimilação de conceitos de forma lúdica.
- **LIDERANÇA.** Técnica utilizada para detectar o perfil de liderança ou mesmo trabalhar com desenvolvimento e conflitos em liderança. É possível em algumas dinâmicas promover percepção e análise sobre atuação como líder.

Objetivo e atividades

Suely Gregori Andrade (1999) apresenta a seguinte classificação das técnicas de grupo (dinâmicas de grupo), de acordo com os objetivos das atividades:

- **TÉCNICAS PARA ABERTURA, DESCONTRAÇÃO, INTEGRAÇÃO E DIVISÃO DE GRUPOS.** Facilitam a integração e a identificação dos membros de um grupo que se inicia, ao mesmo tempo que possibilita a diminuição da ansiedade. Também são utilizadas técnicas para a divisão do grupo em pares, trios ou pequenos grupos.
- **TÉCNICAS PARA COMUNICAÇÃO E CRIATIVIDADE.** Exploram a criatividade na solução de problemas e as dificuldades decorrentes dos processos de comunicação.
- **TÉCNICAS PARA PERCEPÇÃO, AUTOCONHECIMENTO E REFLEXÃO.** Convidam os membros de um grupo a refletirem sobre a auto e heteropercepção.

- **TÉCNICAS PARA TOMADAS DE DECISÃO, CORRER RISCOS, LIDERANÇA, COMPETIÇÃO, COLABORAÇÃO, IMPORTÂNCIA DO TRABALHO GRUPAL E ORGANIZAÇÃO.** Reflexão sobre a influência dos conceitos, preconceitos e valores nos processos de decisão. Exploram também a importância do trabalho cooperativo em confronto com o competitivo.

Intervenção psicossocial

Outra forma de classificação das técnicas de grupo é aquela que considera as etapas de uma sessão de intervenção psicossocial.

- **AQUECIMENTO E INTEGRAÇÃO.** O grupo é direcionado a descontrair-se e a integrar-se por meio de atividades de apresentação e de aquecimento (também chamadas de vitalizadoras ou quebra-gelo). As técnicas de aquecimento são utilizadas para elevar a energia do grupo e prepará-lo para a(s) técnica(s) principal(is).
- **TÉCNICA PRINCIPAL.** O grupo entra em contato com a problemática diagnosticada previamente.
- **RELAXAMENTO.** O grupo descontrai, relaxa e volta ao estado de homeostase.

Outras classificações

As técnicas de grupo podem ainda ser classificadas quanto ao tipo de atividade a ser desenvolvida, como:

- **AUTOEXPOSIÇÃO.** Membros do grupo se apresentam ou expõem sua opinião diante de algum tema.
- **FABRICAÇÃO DE PRODUTOS.** A partir de determinadas especificações, o grupo é convidado a criar um produto que deverá ser lançado no mercado. Em alguns casos são fornecidos materiais como barbante, arame, cartolina, jornal e sucatas diversas.

- **ELABORAÇÃO DE VERSOS, LETRAS DE MÚSICA.** A partir de algumas palavras-chave, o grupo é convidado a criar poesias ou mesmo letras de música.
- **INTERAÇÕES.** Promove a interação dos membros do grupo a partir de atividades desenvolvidas em duplas, trios ou pequenos grupos.
- ***FEEDBACK*.** Incentiva as pessoas a trocarem percepções de si e do outro.
- **FANTASIA.** Leva as pessoas a estimularem sua criatividade.
- **COMUNICAÇÃO VERBAL OU NÃO VERBAL.** Estimula a reflexão sobre as dificuldades dos processos de comunicação e as consequências promovidas por processos deficientes, sejam eles verbais ou não verbais.
- **ESTUDO DE CASO.** Casos especialmente escolhidos por retratarem uma situação (hipotética ou não) sobre a qual o grupo precisa refletir.
- **CRIAÇÃO DE OBJETOS DE ARTE.** A partir de sucatas, gesso, argila, papel ou outro material, o grupo é convidado a exercitar sua criatividade por meio da criação de um objeto de arte. Aliada a essa técnica, também pode ser utilizada a técnica do mural ou do varal, em que os participantes expõem seus trabalhos para o grupo fixando no mural com tachinhas ou penduram no varal com pregadores.
- **DRAMATIZAÇÃO.** Geralmente em pequenos grupos, os participantes são convidados a dramatizarem cenas que retratam uma dada problemática.
- **SOLUÇÃO DE PROBLEMAS.** Tem o intuito de dar aos participantes a oportunidade de encontrarem soluções para seus problemas.
- **ESCOLHA.** Quando são utilizadas com o objetivo de levar o grupo a estabelecer critérios norteadores de decisões.
- **NEGOCIAÇÃO.** Visa incentivar o grupo a refletir sobre a forma como cada membro negocia com outras pessoas (perde-perde; perde-ganha; ganha-perde; ganha-ganha) e suas consequências.
- **COMPETIÇÃO-COLABORAÇÃO.** São atividades que estimulam o grupo a refletir sobre as consequências de uma atitude competitiva *versus* uma colaborativa.

A técnica mais apropriada não é a que está na moda ou a mais sofisticada, mas aquela que atende às necessidades diagnosticadas previamente pelo facilitador do grupo. São esses mesmos objetivos que também definem a forma de aplicação: individualmente, em duplas, em trios, em quartetos, em pequenos grupos ou em um único grupo.

15. Planejamento de uma sessão de dinâmica de grupo

Um adequado planejamento de intervenção baseada em dinâmicas de grupos é aquele que prevê as seguintes etapas:

Diagnóstico de necessidades

Antes de iniciar o planejamento da intervenção grupal, convém esclarecer por que se pretende trabalhar com grupos. De acordo com Marian Liebmann (2000), para alguns facilitadores e terapeutas há uma escolha entre trabalho individual e grupal, por isso vale a pena verificar as razões gerais que levam à escolha do trabalho grupal. Outros, como os professores, quase sempre trabalham com grupos, e para eles o mais importante é obter o máximo de proveito do trabalho grupal. As razões para a escolha do trabalho em grupo podem ser assim resumidas:

- Muito do aprendizado social é feito em grupos, portanto, o trabalho grupal fornece um contexto pertinente para a prática desse aprendizado.
- Pessoas com necessidades semelhantes podem apoiar-se mutuamente e sugerir soluções para problemas comuns, ajudando umas às outras.

- Os integrantes de um grupo podem aprender com o *feedback* dos outros: "São necessárias duas pessoas para enxergar uma".

Um grupo pode nascer de uma necessidade própria ou a partir da sugestão da pessoa a quem o grupo está subordinado. Compreender bem a demanda do grupo é essencial para o sucesso de uma intervenção.

De acordo com Neiva (2010), em um diagnóstico de necessidades de intervenção psicossocial, é necessário se caracterizar a instituição em que a intervenção irá ocorrer, a análise das necessidades psicossociais do grupo que sofrerá a intervenção e a delimitação do foco da intervenção.

Definição de objetivos

Estabelecida a necessidade de se trabalhar com grupos, o próximo passo é a definição de objetivos. Os objetivos definem os propósitos da intervenção, isto é, o que se pretende alcançar com ela, e podem ser de dois tipos:

- **GERAL:** vinculado ao lugar onde se quer chegar com a intervenção, ao resultado final do que se quer alcançar;
- **ESPECÍFICOS:** são os objetivos parciais, aqueles que devem ser atingidos no decorrer da intervenção e que são imprescindíveis para a obtenção do objetivo geral.

São os objetivos da aprendizagem vivencial que irão indicar a técnica de grupo e a formação do grupo mais apropriadas.

Para Sarriera *et al.* (2000, p. 32), o objetivo principal de uma intervenção psicossocial é "possibilitar melhores condições humanas e de qualidade de vida" aos membros de um grupo. Visa uma melhor interação do indivíduo com seu meio social nas mais diferentes áreas como na saúde, na educação, na organização, na instituição e na comunidade.

Tem um caráter de pesquisa-ação objetivando facilitar o bem-estar de indivíduos nos grupos dos quais participam. Trata-se de uma pesquisa-ação, pois os sujeitos são convidados a participar de técnicas vivenciais em interação com outros sujeitos e, a partir do resultado dessa interação, a refletir sobre elas buscando o descongelamento de condutas estereotipadas a fim de adquirir novos conhecimentos e comportamentos mais eficazes.

Fatores externos e internos que afetam os grupos

São vários os fatores internos e externos que podem afetar o desenvolvimento de uma intervenção psicossocial. Por fatores externos Marian Liebmann (2000) define aqueles que afetam o grupo e sobre os quais o facilitador não tem controle, podendo ser classificados em institucionais, físicos, população e sentimentos.

- **FATORES INSTITUCIONAIS.** São fatores ligados à instituição de origem dos participantes do grupo e que podem limitar o desenvolvimento de uma sessão. Entre eles destacam-se os horários da instituição como os das refeições, dos transportes, das trocas de turno, intervalos, etc. Outro fator que pode afetar o desenvolvimento de uma intervenção se refere ao apoio concedido ao facilitador. Se a instituição oferecer pouco apoio, a intervenção poderá sofrer interrupções de terceiros, ou mesmo afastar as pessoas do grupo. Se houver um bom apoio, as necessidades do facilitador e as do grupo serão respeitadas.
- **FATORES FÍSICOS.** Uma intervenção é afetada pelo espaço físico em que se desenvolve. Intervenções realizadas em salas pequenas, escuras ou apertadas terão seus resultados limitados. Se a intervenção ocorrer em salas que são passagens para outras, estará sujeita a interrupções. Ruídos provenientes de outras salas vizinhas, falta de mesas, cadeiras ou outros recursos adequados aos objetivos da intervenção também podem inibir a participação do grupo.
- **POPULAÇÃO.** Grupos distintos apresentam necessidades diferentes. Por exemplo, grupo de profissionais de uma empresa, grupo de adolescentes de uma escola pública ou privada, pacientes de um hospital,

moradores de rua, membros de uma comunidade ou pessoas idosas podem apresentar uma variedade de problemas, que necessitam da atenção do facilitador ao planejar sua intervenção. Por exemplo, pessoas idosas podem necessitar de cadeira de rodas ou ter a visão e audição comprometidas; pessoas internadas em um hospital podem sentir dores e, consequentemente, ter seus movimentos e a atenção limitados. A escolha das técnicas de grupo deverá, portanto, considerar esses fatores.

- **SENTIMENTOS.** Os participantes de um grupo levam para uma sessão de intervenção diversos tipos de sentimentos relacionados à instituição ou empresa a que estão ligados ou provenientes de seu contato com o mundo exterior. Esses sentimentos, que podem ser os mais variados, como apatia, alegria, ansiedade, preocupação ou cansaço, interferem diretamente nos resultados de uma intervenção. Para atenuar os impactos negativos desses sentimentos, cabe ao facilitador verificar como as pessoas estão se sentindo antes do início da sessão de intervenção. Essa sondagem poderá influenciar o facilitador na escolha de atividades ou auxiliá-lo a perceber as oportunidades e limitações da sessão. Se uma sessão de intervenção não transcorre da forma esperada, pode não ser por algo que tenha ocorrido no grupo propriamente dito, mas por algo ocorrido fora dele.

São considerados fatores internos aqueles sobre os quais o facilitador tem controle. Entre eles, destacam-se:

- **INTENÇÕES E METAS PESSOAIS E DO GRUPO.** Cabe ao facilitador a responsabilidade pelo alinhamento das expectativas pessoais e do grupo com os objetivos da intervenção. Caso identifique dissonância entre eles, poderá rever seu planejamento ou ainda planejar novas intervenções;
- **REGRAS BÁSICAS.** As regras sobre o funcionamento da intervenção são necessárias para o grupo se localizar e saber o que será esperado

dele. As regras devem ser formuladas antes do início do grupo e se constituem no enquadre, que, segundo Bleger, é definido:

> como um conjunto das condições nas quais se realiza a observação e constitui uma fixação de variáveis ou uma limitação das mesmas, ou a fixação de um conjunto de constantes, que tanto nos serve como meio de padronização como sistema de referência do observado. (1984, p. 46)

É por meio do enquadre que o grupo sente segurança na realização das atividades funcionando como um Ecro grupal, isto é, um esquema conceitual referencial operacional do grupo. De acordo com Neiva,

> o enquadre compreende o esclarecimento sobre a duração dos encontros e da intervenção como um todo, o horário, os dias e o local dos encontros, o custo (se houver), os objetivos, a tarefa que será realizada, os papéis do interventor e dos participantes, o sigilo profissional e outras situações que sejam pertinentes, por exemplo, a questão das faltas eventuais. [...] Quando se lida com instituições, organizações e comunidades, é necessário ter certa flexibilidade e capacidade de adaptar o enquadre e planejamento em prol da própria continuidade da intervenção. O importante é que as alterações e/ou adaptações sejam devidamente discutidas com o grupo-alvo e esclarecidas, ou seja, que nesse caso o enquadre seja revisto e aceito por todos. (2010, p. 48)

- **REGRAS SOCIAIS.** Respeito ao colega; atrasos; idas ao banheiro; alimentação; cigarro; celular; sigilo; participação;
- **TEMPO DE DURAÇÃO DA SESSÃO.** O facilitador deve explicitar claramente o tempo de duração de cada sessão de intervenção, começando e terminando no horário previsto. Deve planejar as sessões de forma a ocupar o tempo previsto para elas não terminarem nem antes nem depois do tempo considerado, pois, se isso ocorrer, poderá

ser desacreditado tanto pelos participantes do grupo quanto pela instituição que contratou seus serviços;

- **RESPONSABILIDADE GRUPAL.** Cabe ao facilitador explicitar no enquadre a responsabilidade dos participantes por sentimentos, discussões, temas e arrumação da sala no término da sessão. Tudo o que ocorrer no grupo deverá ficar contido no próprio grupo.

Etapas e duração de uma sessão de dinâmica de grupo

De acordo com Marian Liebmann (2000), o padrão usual de uma sessão de intervenção com dinâmicas de grupo possui o seguinte formato e duração:

- Apresentação e "aquecimento" – de 10 a 30 minutos
- Atividade principal – de 20 a 45 minutos
- Discussão e final da sessão – de 30 a 45 minutos

Uma intervenção pode ter outros formatos, como os exemplos a seguir:

- Apresentação dos participantes – 10 minutos
- Técnica de aquecimento – 10 minutos
- Técnica(s) principal(ais) – 40 minutos
- Discussão – 40 minutos
- Relaxamento ou encerramento – 20 minutos

Em muitas instituições o tempo disponível para um profissional desenvolver uma intervenção com um grupo está situado entre 1h30 a 3 horas de duração, e o tempo das atividades mencionadas se encaixa nisso. Um período mais longo seria mais adequado para grupos da comunidade e de profissionais, com mais tempo reservado tanto para a atividade principal como para a discussão.

Existem outros formatos quando o tempo de intervenção é maior e dependendo dos objetivos que se pretenda atingir. Em um processo seletivo, por exemplo, uma sessão de dinâmica de grupo pode variar de 2h30 a 4 horas de duração. Em processos seletivos se observa a seguinte formatação de uma sessão de dinâmica de grupo:

- Apresentação dos participantes – 20 minutos
- Técnicas de grupo – 90 minutos
- Estudo de caso – 20 minutos
- Encerramento – 20 minutos

Apresentação dos participantes e aquecimento

O objetivo principal das apresentações da fase inicial de uma sessão de grupo é o de unir as pessoas, ajudando-as a ficar confortável e a relaxar antes de mergulharem em uma atividade que pode ser nova, difícil ou cansativa. Quer as pessoas venham de longe quer residam na instituição onde a sessão é realizada, a forma de recepcioná-las pode contribuir muito para criar uma boa atmosfera.

O objetivo dessa etapa da sessão é dar oportunidade para que as pessoas se conheçam um pouco e se sintam mais à vontade para trabalhar juntas. Isso também ajudará o facilitador a sentir o grupo e a expectativa das pessoas, podendo ser útil na condução da sessão.

Se a sessão for parte de uma série, pode ainda ser necessário apresentar os novos integrantes e lhes explicar como o grupo funciona. É importante verificar como as pessoas estão se sentindo e o que imaginam, principalmente se o grupo encontra-se em uma instituição. Nessa sessão introdutória é preciso esclarecer algumas regras básicas, ou chegar a um acordo grupal sobre certos pontos, por exemplo, fumar, intervalos, idas ao banheiro, participação, conversas, celular, etc. Também será necessário explicar o caráter da atividade, o que é dinâmica de grupo e o caráter particular do grupo em questão.

Na fase de aquecimento do grupo, a dinâmica serve para quebrar o gelo ou desacelerar a equipe. Isso quer dizer que o facilitador da dinâmica precisará fazer uma leitura corporal do grupo para saber se há entrosamento. A partir daí, define-se o tipo de aquecimento, que pode ser físico (para relaxar e diminuir a empolgação, como andar em círculos, cumprimentar os colegas, ajudando a obter um fluxo de energia), ou algum tipo de jogo que proporcione oportunidades de integração do grupo, como uma atividade de pintura.

Atividade principal

É a técnica de grupo escolhida pelo facilitador que garantirá que venha à tona o conteúdo latente que se pretende trabalhar com o grupo. Essa atividade deve ser bem planejada, escolhida com cuidado e deve estar relacionada com os objetivos a que se pretende chegar.

O facilitador assume grande parte da responsabilidade pela escolha do tema que será trabalhado com o grupo. Isso pode ser adequado, mas significa que a escolha é muito influenciada pela visão que esse profissional tem das necessidades do grupo. Quando há continuidade, o grupo tem a sensação de estar progredindo, passo a passo, o que pode ser animador.

Durante o desenvolvimento de uma atividade grupal é importante que seja considerada a finalidade da atividade e o contexto ao qual o grupo está inserido. Por exemplo, considere uma atividade que será desenvolvida em um grupo pedagógico e a mesma atividade sendo aplicada em um grupo participando de um processo seletivo. Certamente haverá importantes diferenças, pois no segundo grupo é provável que as pessoas estejam tensas e ansiosas porque sabem que ao final da atividade alguns serão aprovados no processo e outros não, e a própria atividade também é direcionada para objetivos diferentes: no primeiro caso pretende-se formar e contribuir para a construção de um conhecimento, enquanto no segundo o objetivo é avaliar características que são importantes para um determinado perfil.

Para Gramigna (2007), ao aplicar uma técnica de grupo, caberá ao facilitador seguir as seguintes etapas (todas elas devem estar previstas no planejamento da intervenção):

a) **APRESENTAÇÃO DO CENÁRIO SIMULADO:** no início da atividade, cabe ao facilitador situar o grupo no contexto em que a atividade irá se desenvolver;
b) **EXPLICAÇÃO DAS REGRAS DO JOGO:** chamado também de contrato psicológico. Nesse momento o facilitador deve explicitar as regras a serem seguidas durante a atividade sem, contudo, deixar claro o que se pretende observar do processo grupal para não induzir o grupo a se comportar dessa ou daquela maneira;
c) **INFORMAÇÕES SOBRE PAPÉIS (SE HOUVER):** algumas técnicas vivenciais necessitam que seus participantes assumam papéis específicos. Se for esse o caso, caberá ao facilitador fornecer aos participantes um *script* clarificando o que é esperado da atuação dos personagens;
d) **ABERTURA DE ESPAÇOS PARA PERGUNTAS:** sobre a técnica de grupo que será vivenciada. Após as instruções serem fornecidas e antes de iniciar a atividade, o facilitador abre espaço para perguntas e dúvidas. Após o início da atividade, o facilitador não mais responderá aos questionamentos do grupo. O não entendimento das regras do jogo ou o seu não cumprimento deverão ser discutidos após o término da atividade;
e) **DEFINIÇÃO DO TEMPO PARA CADA ETAPA DA ATIVIDADE:** algumas técnicas de grupo exigem um determinado tempo para sua realização. Se esse for o caso, caberá ao facilitador explicitar para o grupo informando que ao término do tempo a atividade será encerrada independentemente de o grupo tê-la concluído ou não. Caso o grupo termine a atividade antes do tempo proposto, o facilitador não precisará esperar o término do tempo estipulado para dar continuidade à intervenção;
f) **DESENVOLVIMENTO DA ATIVIDADE:** momento em que os participantes se entregam (ou não) à tarefa; é o acontecer grupal continente

dos processos grupais. Tudo o que ocorre durante a atividade deverá ser observado e registrado pelo facilitador para promover a discussão que ocorrerá na etapa seguinte da intervenção. Em algumas situações, por exemplo, grupos grandes ou nível elevado de complexidade da atividade, o facilitador poderá solicitar a presença de observadores de processo que o auxiliarão na observação dos processos grupais.

Não há uma quantidade de técnicas de grupo a ser aplicada em uma intervenção. A quantidade sempre estará relacionada com os objetivos da intervenção e o tempo necessário para sua aplicação.

Discussão, quando aplicável

Após a etapa do desenvolvimento da atividade, o facilitador conduz o grupo a uma reflexão sobre o que ocorreu no aqui e agora. A organização do espaço físico para a discussão é importante. Todos os participantes do grupo precisam ser capazes de ouvir o que está sendo dito e ver quem está dizendo, aumentando a coesão e a interação do grupo. Alguns grupos podem conseguir essa organização com as pessoas mantendo-se nos mesmos lugares em que estavam enquanto realizavam a atividade. Outros grupos são estruturados com dois espaços: um para a realização das técnicas de grupo, outro para discussão do que ocorreu durante a atividade vivenciada ou, ainda, um terceiro espaço para o relaxamento no final da sessão com poltronas e tapetes (colchonetes) confortáveis, de forma que todos possam sentar-se em círculo.

A discussão das atividades realizadas pelo grupo é fundamental nesse momento, pois é a partir dela que o facilitador garante a reflexão sobre os processos grupais que facilitarão a mudança de atitude, permitindo a elaboração de novos projetos de vida. Essa discussão deve seguir as etapas do Ciclo de Aprendizagem Vivencial e ser planejada.

Nem sempre a discussão é pertinente, como é o caso de uma sessão de dinâmica de grupo com objetivo de seleção de pessoas. Nesse tipo de grupo, o facilitador não proporciona a discussão do que ocorreu com o desenvolvimento da atividade, pois o que se pretende é a avaliação de determinadas competências interpessoais e não a reflexão sobre atitudes e comportamentos visando o desenvolvimento pessoal.

Encerramento

Muitas sessões são limitadas por horários institucionais e é importante terminá-las na hora e em tom positivo, com um comentário que as resumam, agradecendo às pessoas por terem participado do encontro.

O encerramento da sessão deve trazer as pessoas de volta para o aqui e agora para que possam continuar a vida normal. Alguns facilitadores gostam de realizar um ritual ou exercício de finalização com um relaxamento.

O facilitador deve tentar se assegurar de que ninguém saia da sessão de intervenção com problemas ou preocupações que possam interferir em sua vida diária. Caso perceba que algum participante necessita de um atendimento especial, poderá conversar com ele no término da sessão. Porém, o ideal é que se discuta em grupo as questões que emergiram no grupo. O facilitador pode divulgar outras oportunidades de continuar trabalhando as mesmas problemáticas, mas é aconselhável manter a experiência do grupo limitada a um nível que todos possam manejar.

Finalmente, há a arrumação do lugar. Algumas vezes, a situação é tal que esta fica por conta do facilitador, mas frequentemente ajudar na arrumação pode ser uma maneira prática de as pessoas "se desligarem" e voltarem à "vida normal". Se todos participarem, isso também será uma expressão da união grupal, e deixará um sentimento agradável ao fim da sessão. Antes de deixar o local em que foi realizada a intervenção, o facilitador deve se certificar de que todo o material produzido pelo grupo (por exemplo, cartazes, objetos de arte, etc.) tenha sido recolhido. Caso esteja prevista uma nova sessão de intervenção com o mesmo grupo, esse material poderá ser utilizado novamente como uma forma de resgatar sua história. Outra utilidade do material produzido pelo grupo se relaciona com a avaliação que o facilitador deverá fazer sobre a sessão de intervenção por ele coordenada.

Devolução e divulgação dos resultados

Momento em que os resultados da intervenção são comunicados à instituição, à organização ou à comunidade, incluindo também a possibilidade de divulgação científica dos resultados para disseminação da proposta interventiva.

A escolha ou a criação de dinâmicas mais apropriadas

Ao preparar uma intervenção com utilização de dinâmicas de grupo, deve-se escolher a melhor técnica para diagnóstico ou para o desenvolvimento das pessoas, e não a técnica que está na moda ou é a mais sofisticada.

As técnicas devem ser escolhidas considerando-se o perfil dos indivíduos que compõem o grupo e devem ser as que melhor atendam aos objetivos que se pretende atingir com a intervenção.

Nem sempre uma dinâmica atenderá às necessidades de um grupo. Nesse caso, o facilitador poderá modificá-la ou criar outra, tomando o cuidado de estudá-la antes de aplicá-la em seu grupo de intervenção.

Os recursos materiais

Dependendo das técnicas de grupo escolhidas pelo facilitador, há que se providenciar o material necessário para sua aplicação. Para que não haja possibilidade de esquecimento de nenhum material, é conveniente que se faça um *checklist* com a discriminação de todos os itens necessários e suas respectivas quantidades.

São vários os materiais que podem ser utilizados em uma intervenção, como papel, caneta, tesoura, lápis de cor, pincel, pregador, argila, cola, fita adesiva, régua, bexiga, etiqueta adesiva, etc. Cabe ao facilitador a responsabilidade de providenciar o material na quantidade suficiente para a realização das atividades pelo grupo.

Documentação e avaliação

Não é fácil avaliar uma experiência tão fluida como uma sessão de intervenção psicossocial utilizando-se de técnicas de grupo, mas é necessário que se proceda a uma avaliação tanto do facilitador quanto dos objetivos da sessão de intervenção para que se possa progredir e planejar novas sessões.

A avaliação de uma intervenção pode ser feita conforme modelo a seguir:

- **AVALIAÇÃO DO FACILITADOR:** registro, o mais detalhado possível, do que acontece no grupo, como:
  - Informações básicas: data, local, número da sessão, população, clientela, pessoas do grupo e coordenadores presentes/ausentes.
  - Objetivos da sessão.
  - Atividades realizadas.
  - Como o grupo se saiu: o que aconteceu?
  - Como o grupo se sentiu: estado de espírito inicial, gráfico emocional do grupo, sentimentos do facilitador, níveis de interação e de exposição, etc.
  - Indivíduos: que trabalho cada membro do grupo realizou? Como o grupo reagiu a eles?
  - Aspectos restritivos e impulsionadores da sessão: o que contribuiu para o sucesso da intervenção e as dificuldades vivenciadas tanto pelo facilitador quanto pelos participantes do grupo?

- ⊙ Projetos futuros: caso uma nova sessão de intervenção venha a ocorrer, o que deve ser considerado?

 Isso já será suficiente se a intervenção for em uma comunidade. Se for em uma instituição com uma orientação terapêutica, como um hospital, poderá ser necessário guardar todas as produções do grupo – se houver –, como registros.

- **AVALIAÇÃO DO GRUPO:** em um grupo de comunidade ou de curta duração, o melhor modo de fazer avaliação pode ser entregar um questionário a ser preenchido no final da sessão, ou reservar algum tempo para a avaliação. Num grupo contínuo, formado em uma instituição, pode haver maior ênfase no progresso individual. Se esse for o caso, pode ser útil uma sessão com cada pessoa para examinar o trabalho que ela fez em determinado período para mapear mudanças, progressos e formular necessidades futuras. Em algumas instituições, essas observações são adicionadas à documentação do cliente ou paciente, dependendo do estilo de manutenção de registros da instituição e do terapeuta.

A intervenção

Momento da intervenção propriamente dita em que se dá a aplicação do planejamento. A aplicação deve ter um caráter flexível, sendo passível de mudanças a partir das necessidades percebidas durante a intervenção, porém as mudanças não devem ser demasiadas, pois isso significaria falha no levantamento das necessidades ou no planejamento das atividades.

No dia da intervenção, cabe ao facilitador chegar com antecedência ao local para evitar possíveis imprevistos, que normalmente acarretam demora e atraso. Deve certificar-se de que a disposição dos móveis, materiais e recursos está adequada. A sala deve ser preparada de modo a dar conforto aos participantes, considerando arejamento, iluminação suficiente, disposição das cadeiras e mesas.

O material deve ser organizado em uma mesa de apoio na sequência de sua utilização. O facilitador deve recepcionar os participantes do grupo. Um ambiente agradável e confortável é primordial para uma boa intervenção.

PARTE 2

Dinâmicas de grupo: a prática

Três experiências de intervenções psicossociais foram desenvolvidas, sendo uma na área da saúde, outra na área educacional e uma terceira na esfera organizacional. Nas três intervenções, utilizaram-se técnicas de grupo como ferramentas de promoção de reflexão do acontecer grupal.

As intervenções procuram seguir o seguinte modelo:

a) **TÍTULO:** formado pela ação, pelo tema e pela população-alvo da intervenção. Por exemplo: "Desenvolver a motivação escolar em alunos do 8º ano da Escola X".
b) **RESUMO:** síntese da intervenção realizada.
c) **JUSTIFICATIVA:** responde por que o projeto deve ser desenvolvido e o que aportará. Apresenta a importância do estudo realizado e que população será beneficiada com os resultados desse estudo, buscando convencer o leitor do projeto, aquele a quem o projeto será submetido para aprovação, da necessidade de se realizar a intervenção.
d) **OBJETIVOS:** são os propósitos da intervenção, isto é, o que se pretende alcançar com ela. A apresentação dos objetivos deve ser concisa e evitar a repetição do que foi exposto na justificativa. O objetivo pode ser geral, vinculado ao lugar aonde se quer chegar com a intervenção, com o resultado final do que se quer alcançar; ou podem ser objetivos específicos, caracterizados pelos objetivos parciais, que devem ser atingidos no decorrer da intervenção e que são imprescindíveis para a obtenção do objetivo geral.

e) **FUNDAMENTAÇÃO TEÓRICA:** deve conter uma revisão teórica do(s) tema(s) ou problema(s) sobre o(s) qual(is) se intervirá, enfatizando qual referencial teórico será utilizado no projeto de intervenção. É importante desenvolver um raciocínio lógico e coerente e não perder de vista os objetivos do trabalho. Fazer subdivisões facilita a construção de um discurso lógico. A fundamentação é necessária para direcionar a discussão que se dá após a aplicação das técnicas vivenciais, sendo muito utilizada nos grupos socioeducativos.
f) **METODOLOGIA:** deve esclarecer as características dos sujeitos-alvo da intervenção; os instrumentos que serão utilizados (questionário, técnicas de grupo, ficha de avaliação, entrevistas, etc.); duração do projeto (número de sessões, duração, periodicidade. Não se deve esperar que uma determinada situação se resolva apenas com uma intervenção, por isso considera-se adequado pensar em ao menos cinco intervenções, em uma ordem gradativa de envolvimento dos sujeitos participantes com as técnicas utilizadas, sendo a penúltima e última sessões aquelas nas quais se exige maior aprofundamento da intervenção e do tema).
g) **PROCEDIMENTOS:** o procedimento deve conter o programa de cada sessão. O objetivo da sessão deve estar diretamente relacionado com um dos objetivos específicos e o objetivo de cada técnica de grupo, diretamente relacionado ao objetivo da sessão. Cada sessão planejada possui seu início, meio e finalização, e espera-se ter atingido, ao seu final, um ou mais objetivos específicos definidos no projeto. A quantidade de técnicas de grupo a serem aplicadas em cada sessão depende da duração da técnica e da duração da sessão.
h) **APRESENTAÇÃO E ANÁLISE DOS RESULTADOS:** podem ser utilizados transcrição de diálogos, tabelas, gráficos, desde que numerados adequadamente e analisados posteriormente.
i) **CONCLUSÕES:** deve-se fazer um balanço dos resultados alcançados e levantar problemas e sugestões que se colocam a partir dos resultados obtidos.

j) **REFERÊNCIAS BIBLIOGRÁFICAS:** deve-se apresentar as referências bibliográficas de todo o material mencionado no texto do trabalho, tais como livros, periódicos, relatórios, teses.
k) **ANEXOS:** constituídos por todo o material relevante para elucidação do texto para facilitar a sequência do raciocínio. Além de todo o material utilizado, pode conter também o que foi produzido durante a intervenção. O material inserido em anexo serve de documento comprobatório da intervenção e como fonte para outras pesquisas ou intervenções.

16. Um exemplo de intervenção na área da saúde

Na área da saúde foi realizada uma intervenção com o objetivo de reparar a falha de comunicação existente em uma equipe multidisciplinar da área.

Resumo

Partiu-se do pressuposto de que há uma falha no processo de comunicação entre os membros de uma equipe multidisciplinar, e que a melhoria na integração desse grupo facilita o trabalho conjunto com o paciente. Para isso, foi elaborado um projeto de intervenção com técnicas vivenciais que abordam a comunicação entre esses membros. A intervenção analisa a interação estabelecida entre uma equipe multidisciplinar e suas práticas de comunicação para identificar possíveis falhas que impeçam a ação multidisciplinar. Técnicas vivenciais foram utilizadas nesse projeto de intervenção, a fim de facilitar o reconhecimento das falhas na interação da equipe atuante na área da saúde.

Justificativa

Em decorrência do crescimento demográfico da população brasileira e do aumento da expectativa de vida, a procura e a necessidade da implantação de programas que visam a inclusão de pacientes na sociedade e a melhora em sua qualidade de vida vêm crescendo continuamente.

Atualmente, pode-se notar o avanço no atendimento e na assistência ao paciente, principalmente por meio da integração de diferentes profissionais de saúde atuando de forma conjunta, a fim de proporcionar uma melhora na vida cotidiana e assistência na situação hospitalar. O trabalho multidisciplinar surgiu e se espalhou, mostrando benefícios e vantagens na recuperação, no atendimento e diagnóstico de cada paciente.

As equipes formadas por profissionais como médicos, enfermeiros, nutricionistas, fisioterapeutas e psicólogos necessitam de um forte compromisso de comunicação interna, a fim de evitar erros de procedimentos durante o tratamento médico. Diante disso, as instituições hospitalares com equipes multidisciplinares presentes nem sempre possuem essa integração necessária entre os funcionários e, desse modo, pode haver prejuízo tanto para os pacientes do hospital em questão quanto para a própria equipe.

Nesse contexto, o projeto de intervenção visa criar possibilidades para que a comunicação entre os membros do grupo ocorra de modo mais fluente e constante.

Objetivos

O principal objetivo é aumentar a integração da equipe multidisciplinar, por meio de processos de comunicação mais eficientes e da maior união entre os diversos profissionais de campos diferentes, visando um melhor diagnóstico e prognóstico dos pacientes.

As técnicas de grupo possibilitarão: (1) identificar as possíveis falhas na comunicação, seja ela por parte específica de um profissional, seja de todo o grupo; (2) localizar o problema da falta de tempo e motivação na integração dos membros do grupo atuante; (3) trabalhar tais falhas e apresentá-las ao grupo, para melhor apreensão do contexto no qual este está inserido, permitindo refletir sobre possíveis caminhos a serem percorridos para que, enfim, possam ser elaborados melhores prognósticos e diagnósticos dos pacientes.

Fundamentação teórica

Comunicação é a forma como as pessoas se relacionam entre si, dividindo e trocando experiências, ideias e modificando mutuamente a sociedade na qual estão inseridas. É uma relação que se estabelece entre um emissor e um receptor com objetivo de transmitir certa mensagem. A comunicação é o centro de todas as atividades relacionais do homem e possui um significado comum para aqueles que a estabelecem; se constitui na troca de entendimento (transmitir e receber) entre os seres humanos, podendo ser verbal ou não verbal.

A falta ou a falha no processo de comunicação no âmbito hospitalar

A falta de clareza quanto às atribuições dos diferentes profissionais são um dos principais fatores que dificultam o trabalho em equipe. Os profissionais que atuam em equipes multidisciplinares são obrigados a tomar decisões importantes em um curto espaço de tempo. A falta de tempo leva à ausência de comunicação e podem assim ocorrer diagnósticos e/ou tratamentos incompletos para os pacientes. Outro ponto a considerarmos é a falta de conhecimento de mecanismos de comunicação, uma vez que estes facilitam o desempenho em relação ao paciente e melhoram o relacionamento dos membros de uma equipe. Outras situações que podem dificultar o trabalho em equipe se relacionam com a falta de clareza em relação às atribuições dos diferentes profissionais, como a queixa entre psicólogos de que muitas de suas observações clínicas não são aceitas pelas equipes; a dificuldade no entendimento da fala de cada profissional; a discriminação hierárquica.

A comunicação no âmbito organizacional hospitalar

A dinâmica em um meio organizacional modela de um modo diferente o conceito de comunicação, já que no âmbito organizacional tal conceito é entendido como um processo relacional entre indivíduos, departamentos, unidades e organizações. Sendo assim, num âmbito hospitalar, por exemplo, há tanto a comunicação interna quanto a externa. A comunicação interna é definida como aquela voltada para o público interno à instituição, a qual objetiva informá-lo, persuadi-lo e envolvê-lo. Sua missão básica é contribuir para o desenvolvimento e a manutenção de um clima positivo, propício ao cumprimento das metas estratégicas da organização e ao crescimento continuado de suas atividades e serviços, e à expansão de suas linhas de produtos. É importante ressaltar que essa comunicação traz o acompanhamento de comportamentos, atitudes e cognições do público interno, já que a manutenção de cada profissional visa o melhor funcionamento da instituição como um todo.

Em relação à comunicação externa, o trabalho é feito de modo que exista uma boa comunicação entre os profissionais da instituição e os pacientes, a fim de que estes possam usufruir do serviço oferecido.

De modo geral, a comunicação adequada em ambientes que equipes multidisciplinares atuam é aquela que tenta diminuir conflitos, mal-entendidos e atingir objetivos definidos para solução de problemas detectados na interação com os pacientes. De modo específico, as organizações que atuam em saúde apontam que o papel da comunicação não se constitui apenas de palavras verbalizadas, mas exerce um extraordinário poder de equilíbrio, desenvolvimento e expansão tanto no tratamento de pacientes quanto na relação entre profissionais de saúde, redirecionando a qualidade do atendimento na área. Os profissionais da área de saúde têm como base as relações humanas com a equipe multidisciplinar e com pacientes, e esses profissionais devem levar em conta o processo comunicativo em que estão inseridos.

A comunicação é um instrumento de relacionamento interno entre os profissionais, pacientes e valores de uma instituição, e fornece a base para um relacionamento adequado e positivo entre eles. Seja por meio de palavras faladas e escritas, seja por gestos, expressões faciais e corporais, o trabalho na área de saúde exige do profissional o conhecimento do processo de comunicação interpessoal e de seus fundamentos básicos.

Metodologia

Os sujeitos da intervenção são os componentes da equipe multidisciplinar no contexto hospitalar representado (psicólogos, fonoaudiólogos, médicos, enfermeiros e fisioterapeutas). A sessão de intervenção é única, com duração de três horas e com a aplicação de nove técnicas de grupos, sendo elas:

- Círculo de confiança.
- E por falar em...
- O mapa do comportamento.
- Quem conta um conto...
- Você sabe ouvir?
- Aspirações e medos.
- Sacudir o estresse.
- Pesado como uma pedra, leve como uma pena.
- A corrente respiratória.

Procedimentos

Aquecimento 1 — "Círculo de confiança"

- **OBJETIVO:** exercer uma atividade que inicie a interação entre os participantes. A escolha dessa técnica se deu com o objetivo de trabalhar e observar a confiança e as relações interpessoais do grupo como um todo integrado. Por meio da técnica, é possível observar qual a relação de poder estabelecida entre os participantes (o líder), como o grupo trabalha o silêncio (se ficam confortáveis ou desconfortáveis), nível de confiança entre os membros da equipe, e se o grupo estabelece uma relação confiável que proporcione uma tomada de decisão coerente e coesa.
- **DESCRIÇÃO:** os participantes formam grupos de 7 pessoas de modo a equilibrar os sexos. Os sujeitos ficam em pé e em círculo. Uma pessoa se move no centro do círculo, cruza os braços em cima do peito, enquanto as outras pessoas a seguram levemente com as mãos. A pessoa do centro fecha os olhos enquanto mantém o corpo reto, relaxando os tornozelos. Começa então a cair com o corpo para um determinado lado até encontrar outro participante do grupo que deve segurá-la, com delicadeza, passando o sujeito central em volta do círculo ou cruzando-o, e lenta e simultaneamente aumentando e diminuindo o tamanho do círculo.
- **MATERIAL NECESSÁRIO:** nenhum.
- **DURAÇÃO DA ATIVIDADE:** aproximadamente 15 minutos.

Aquecimento 2 — "E por falar em..."

- **OBJETIVO:** usar esse vitalizador para iniciar um diálogo entre os integrantes do grupo multidisciplinar. Essa técnica tem como objetivo possibilitar maior interação entre os participantes e observar como o grupo trabalha como um todo.
- **DESCRIÇÃO:** o grupo deve se posicionar em círculo e o facilitador inicia com a seguinte frase: "gosto muito de morar *em casa*...". A pessoa do lado direito continuará a frase acrescentando algo ao que foi dito: "e por falar *em casa*, lembro-me de uma que comprei perto *da praia*...". O participante seguinte deve então completar a frase que ouviu repetindo o final da frase e acrescentando algo novo a ela: "e por falar *em praia* lembro-me de que, quando criança, ia muito para a Praia Grande com *meus pais*..." e assim sucessivamente até que todos tenham participado da atividade.
- **MATERIAL NECESSÁRIO:** nenhum.
- **DURAÇÃO:** aproximadamente 5 minutos.

Técnica principal 1 — "O mapa do comportamento"

- **OBJETIVO:** exercitar a comunicação verbal do grupo, gerando um diálogo para uma tomada de decisão perante uma situação conflituosa.
- **DESCRIÇÃO:** colocar no chão quatro cartões com os seguintes dizeres: (A) cochichar, (B) falar normalmente, (C) cantar e (D) falar alto. O grupo então é dividido em subgrupos, que irão ocupar um espaço em cada papel-cartão. Serão indicadas as posições possíveis dos participantes neste tabuleiro, os quais deverão se movimentar de forma livre e individualmente, respeitando as setas indicadas no chão.
  Os habitantes da área delimitada pelos cartões deverão realizar as ações propostas no seu interior dirigindo-se a quaisquer habitantes dos cartões ligados pelas setas, contudo não poderão direcionar suas ações aos cartões situados às suas diagonais. Poderão ainda emiti-las aos participantes que se localizam no centro do círculo, mas estes não poderão responder, já que estão na posição do silêncio.
- **MATERIAL NECESSÁRIO:** papéis-cartões (dispostos conforme o diagrama que se segue), fita-crepe e caneta preta:

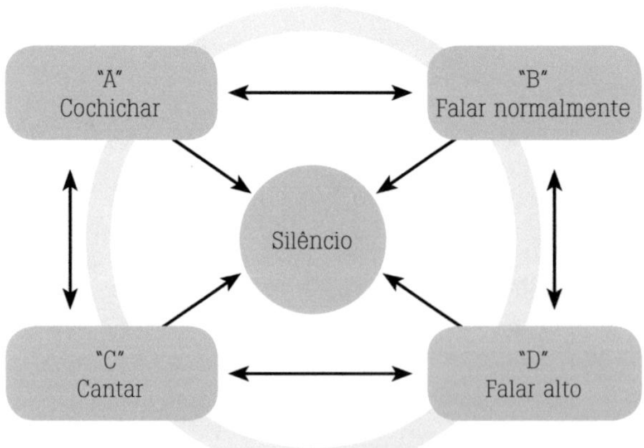

- **DURAÇÃO:** aproximadamente 20 minutos.

Técnica principal 2 — "Quem conta um conto"

- **OBJETIVO:** levar os participantes a perceberem quanto a comunicação verbal é falha, e quanto as barreiras de comunicação comprometem o conteúdo de uma mensagem.
- **DESCRIÇÃO:** é solicitado o afastamento de 3 ou 4 participantes por alguns momentos. Nesse período, o facilitador lê uma história (preestabelecida) passando a devida importância da atenção a esse relato para os participantes. Chama um dos participantes ausentes e pede para que um do grupo, que tenha ouvido a história, conte a narrativa sem ser alterada ou corrigida por eventuais intervenções do grupo.
  O participante ausente, que ouviu a história posteriormente pelo integrante do grupo, relata a outro entre os ausentes que então será chamado ao recinto grupal. Após esse relato, o terceiro ausente será chamado para escutar do segundo ausente a história e assim por diante.
  O facilitador reconta a história de forma a confrontá-la com a forma com que foi se alterando. Depois disso, o grupo é reunido e é solicitado um tempo de discussão dos objetivos, e ainda de como a comunicação do nosso cotidiano pode ser alterada principalmente no trabalho em equipe.
- **MATERIAL NECESSÁRIO:** uma cópia da história "Quem conta um conto" que será lida pelo facilitador.

"QUEM CONTA UM CONTO"

Reinaldo estava esperando pelo ônibus Itapecerica quando ouviu a brecada, já imaginando o acidente. Saiu do ponto, foi ao local e percebeu que o fusca vermelho da loirinha nervosa havia raspado de leve o monza cinza do cidadão engravatado, com cara de executivo ou empresário de multinacional. O mais engraçado é que nenhum dos dois motoristas estava tão exaltado quanto o passageiro do ônibus que vinha atrás e que, angustiado pelo atraso, clamava aos céus pedindo que um guincho liberasse a avenida. O congestionamento foi crescendo e uma verdadeira multidão se aglomerou ao lado do acidente, dividindo-se entre a culpa da motorista, que se apresentara como modelo, e a vítima, que alegava não ter seguro. O desfecho pareceria intrigante se, de repente, não passasse pelo local a Lisete, colega do Reinaldo, que, oferecendo-lhe uma carona, afastou-o desse matutino entrevero.

- **DURAÇÃO.** 15 minutos.

Técnica principal 3 — "Você sabe ouvir?"

- **OBJETIVO:** essa técnica proporciona uma autorreflexão em relação à postura adotada na comunicação verbal. O objetivo é levantar e elaborar críticas e autocríticas relativas ao diálogo entre os participantes.
- **DESCRIÇÃO:** o coordenador solicita que os participantes se dividam em duplas aleatórias, escolhendo quem será o número 1 e quem será o número 2 em cada dupla. Depois disso, é reunido o grupo de participantes que se denominaram número 1, e é solicitado a estes que narrem um fato de forma completa e com absoluta clareza aos colegas de dupla (os de número 2). Enquanto os participantes número 1 pensam sobre algum fato a ser narrado, o coordenador se reúne com o grupo denominado 2 e relata que o grupo 1 irá narrar uma história e que cada um deles deverá, de alguma forma, prejudicar a relação comunicativa. O coordenador entrega aos participantes de número 2 uma ficha contendo instruções de comportamento para usar e atrapalhar a narrativa do participante número 1. É orientado que cumpram a tarefa com sua respectiva dupla. O facilitador distribui as fichas de 1 a 4 repetidas vezes até que cada membro de número 2 fique com uma ficha. Após essa etapa, é formado um círculo em que cada participante número 1 tem a oportunidade de verbalizar a impressão que teve durante o jogo e que está tendo naquele momento, com o jogo encerrado. Depois os jogadores número 2 relatam as impressões e a orientação recebida pelo facilitador antes do início da atividade. Uma reflexão final é feita no sentido de compreender as relações cotidianas e alguns comportamentos desinteressados dos indivíduos.
- **MATERIAL NECESSÁRIO:** fichas preparadas previamente conforme modelo:
  - Ficha um: duvide categoricamente da veracidade do fato narrado.
  - Ficha dois: fique absolutamente calado e sem esboçar expressão facial.

- Ficha três: enquanto seu colega fala, afirme que a história é muito boba, fraca, desinteressante, etc.
- Ficha quatro: critique a todo momento como seu colega conta o ocorrido.

- **DURAÇÃO:** aproximadamente 30 minutos (20 minutos para realização e 10 minutos para reflexão).

Técnica principal 4 — "Aspirações e medos"

- **OBJETIVO:** proporcionar maior integração grupal, vivência e confiança mútua no grupo.
- **DESCRIÇÃO:** é distribuída aos participantes uma folha de papel ao som de uma música suave. Os participantes são orientados a escreverem de um lado da folha, no topo, "Minhas aspirações" e, no verso, "Meus medos" em relação ao trabalho realizado no hospital. Não é necessária a identificação pessoal dos participantes em suas folhas. Essa atividade tem duração de 30 segundos; acabado o tempo, a folha é passada ao colega da esquerda, que é orientado a completar colocando seus medos e aspirações, que vierem à cabeça, logo abaixo das anotadas pelo seu colega e assim sucessivamente.
  O exercício acaba quando a folha retorna ao sujeito de origem. Nesse momento, o facilitador recolhe as fichas, embaralha-as e redistribui aleatoriamente. É solicitado que cada um leia para o grupo a folha que recebeu. É feita, então, uma discussão sobre as diferenças e semelhanças existentes entre os diversos registros, juntamente com as aspirações e medos relacionados ao trabalho, e o que deverá ser feito para contornar esses medos e atingir os objetivos.
- **MATERIAL NECESSÁRIO:** papéis e canetas suficientes para todos os participantes.
- **DURAÇÃO:** aproximadamente 20 minutos.

Encerramento 1 — "Sacudir o estresse"

- **OBJETIVO:** finalizar as atividades exercidas no dia expulsando o estresse e a angústia que possam ter sido gerados durante sua realização.
- **DESCRIÇÃO:** os participantes ficam em pé, com as pernas abertas. É solicitado que sacudam todo o corpo, em especial braços e pernas. É solicitado também que pensem e imaginem todas as energias negativas, angústias e preocupações saindo de seu corpo, restando somente pensamentos e energias positivas no corpo.
- **MATERIAL NECESSÁRIO:** nenhum.
- **DURAÇÃO:** aproximadamente 5 minutos.

Encerramento 2 — "Pesado como uma pedra, leve como uma pena"

- **OBJETIVO:** finalizar as atividades exercidas no dia e proporcionando aos participantes um controle do corpo, possibilitando seu relaxamento.
- **DESCRIÇÃO:** os participantes ficam sentados ao som de uma música lenta, atentos a sua respiração, inspirando e expirando calmamente. É solicitado que retenham todos os músculos do corpo e imaginem-se pesados como uma pedra, ou, se desejar, dinâmicos e repletos de forças para alcançar seu objetivo, e que retenham essa tensão por 7 segundos. Depois disso, é solicitado que se deixem cair no estado de relaxamento, imaginando-se leves como uma pena e expirando de forma clara, procurando sentir-se interiormente por 7 segundos. Essa atividade é realizada por 3 vezes, até que todos estejam mais serenos.
- **MATERIAL NECESSÁRIO:** CD de música relaxante e rádio.
- **DURAÇÃO:** 1 minuto.

Encerramento 3 — "A corrente respiratória"

- **OBJETIVO:** finalizar as atividades exercidas no dia e proporcionar aos participantes uma situação de relaxamento.
- **DESCRIÇÃO:** é solicitado que os participantes deitem, deixem a respiração correr à semelhança de um grande rio, atentando-se para seu corpo, sua respiração e a música. O facilitador solicita aos participantes que coloquem as mãos sobre a barriga deixando que se levantem e se abaixem de acordo com o ritmo da respiração.
- **MATERIAL NECESSÁRIO:** CD de música relaxante e rádio.
- **DURAÇÃO:** 4 minutos.

Resultados e discussão

A intervenção teve duração de 3 horas e contou com 6 participantes. Após o enquadre deu-se início à intervenção com a aplicação das duas técnicas de aquecimento. A primeira delas, "Círculo de confiança", prendeu a atenção e teve colaboração de todos. A pessoa do centro inicialmente gerou uma mobilização de todos a fim de que ela realizasse a tarefa de modo correto. Como era o único homem do grupo, o círculo em volta apresentou certa dificuldade em manter a proposta inicial, então decidimos trocar a pessoa do centro do círculo para que fosse mais fácil a conclusão da tarefa.

A segunda técnica de aquecimento, "E por falar em...", permitiu uma maior descontração. Após a primeira rodada de frases, os participantes passaram a se ajudar, de modo que todos pudessem se lembrar da frase dita anteriormente. Na terceira rodada, todos encontraram dificuldade de se lembrar do que já haviam dito, e assim dois componentes do grupo se confundiram e erraram a tarefa.

O grupo parecia bem integrado para realizar as técnicas de grupo, e então se deu início à técnica "O mapa do comportamento". Em um primeiro momento, foi explicado como deveria funcionar cada "quadrado" do chão, e os participantes foram instruídos a seguir as setas para estabelecer a comunicação com os outros quadrados, a fim de que percebessem sozinhos como deveriam se movimentar quando pedido. Todos escolheram seus quadrados e seguiram suas instruções. É interessante ressaltar o fato de que o quadrado em que havia tarefas que exigiam uma fala muito alta mobilizou a atenção dos demais, que deixaram de lado sua posição para observar a conversa dos outros colegas. Ao final da técnica, o quadrado do silêncio ficou ocupado por quatro integrantes, sendo impossível que os outros dois estabelecessem uma comunicação por estarem em quadrados distantes, não ligados pela mesma seta. Somente um integrante afirmou perceber que o quadrado do silêncio era ligado com os demais somente pela seta de "ida", sendo proibido sair de lá até o final da atividade; os demais não notaram esse fato.

A técnica "Quem conta um conto" ocorreu de um modo diferente do esperado. Quando solicitado que três participantes se ausentassem da sala, houve voluntários, sendo desnecessária a escolha por parte do facilitador. Quando explicada a tarefa inicial para os integrantes que iriam escutar o conto, não houve dúvidas e todos pareciam muito atentos para o que iriam escutar. Assim que a leitura terminou, solicitou-se que um dos participantes relatasse o conto para aquele que não havia escutado. O primeiro relato distorceu a sequência dos dados, porém manteve alguns detalhes da história. Após isso, o participante que havia escutado relatou para o próximo, havendo uma grande distorção da história real. Por último, a história já havia sido distorcida por completo, havendo, porém, alguns detalhes que permaneceram.

A técnica "Você sabe ouvir?", que dividia o grupo em duplas, proporcionou diálogos engraçados entre os participantes. O grupo de número 1 se reuniu a fim de criar histórias para serem relatadas, enquanto o grupo de número 2 recebeu fichas com instruções para atrapalhar a narração do outro grupo. Como os integrantes do grupo 1 não sabiam sobre a tarefa do outro, a comunicação se tornou difícil, até que cada integrante da dupla foi percebendo a função do outro. Em alguns casos, o participante que narrava a sua história tentou arrumar outros modos de não ser interrompido ou atrapalhado pelo outro, como falar muito rápido e tentar chegar ao final da história.

Em seguida foi aplicada a técnica "Aspirações e medos". Essa técnica foi deixada por último por ter uma relação mais estreita com o âmbito hospitalar, permitindo que o grupo todo se concentrasse nessa suposição. Todos os integrantes apresentaram dúvidas quanto a que papel deveriam se imaginar dentro da equipe multidisciplinar, para separar as suas aspirações e medos.

Na discussão, percebeu-se o quanto o assunto comunicação é importante em diversos âmbitos da nossa vida. Houve uma reflexão sobre a importância de um bom contato e uma boa relação entre os membros de uma equipe multidisciplinar para melhor diagnóstico e prognóstico dos pacientes, já que entre os medos e as aspirações, a maioria se relacionava ao sucesso de seu trabalho.

As transcrições dos quadros foram fiéis à produção feita à mão pelo grupo. Cada quadro representa a folha de sulfite iniciada por um participante e que, em seguida, rodou por todo o grupo de tal forma que, ao retornar ao seu "dono", continha o conteúdo de todos os participantes do grupo, totalizando seis aspirações e seis medos. Os números que acompanham os quadros representam os participantes; assim, em todos os quadros o número 1 representa o participante 1 e assim, sucessivamente, até o número 6.

TABELA 8. INICIADA PELO PARTICIPANTE 1

Aspirações		Medos	
1	Não ter que fazer plantões.	1	Que o paciente morra.
2	Ser feliz e aprender em diversos âmbitos durante o trabalho.	2	Que o paciente piore a tal ponto de morrer.
3	Ser reconhecido.	3	Se perder ou desistir.
4	Salvar vidas.	4	Não aguentar o tranco.
5	Ser feliz salvando vidas.	5	Errar os medicamentos.
6	Conseguir ter um bom relacionamento com os familiares de meus pacientes dando suporte a todos.	6	Não passar confiança aos pacientes e suas famílias.

TABELA 9. INICIADA PELO PARTICIPANTE 2

Aspirações		Medos	
2	Enxergar o progresso e o processo de um paciente "desacreditado" que consegue ter uma melhora significativa.	2	Receio de contribuir para que o paciente não melhore e, sim, piore.
3	Vencer desafios.	3	Se envolver demais com o problema do outro.
4	Ganhar dinheiro.	4	Não ser capaz de salvar vidas.
5	Ver o resultado no paciente.	5	Enlouquecer.
6	Ser reconhecido internacionalmente.	6	Cometer um pequeno e único erro que me deixe marcado socialmente por muito tempo.
1	Ganhar algum prêmio por uma descoberta revolucionária.	1	Prejudicar minha vida pessoal por conta do trabalho.

TABELA 10. INICIADA PELO PARTICIPANTE 3

Aspirações		Medos	
3	Salvar vidas.	3	Matar pessoas (devido a algum erro que cometi ou algo assim).
4	Descobrir a cura da Aids.	4	Ser consultado sobre alguma questão de diagnóstico e não saber a resposta.
5	Descobrir a cura das doenças mentais/transtornos, etc.	5	Não ser capaz de fazer meu trabalho.
6	Fazer com que os pacientes aceitem suas limitações, dando-lhes alternativas de ter uma qualidade de vida melhor.	6	Não conseguir ver sinais que o paciente mostra, deixando de atentar para algo importante a ser usado no diagnóstico.
1	Ajudar os outros.	1	Que futuramente alguém descubra um erro cometido no início por imprudência.
2	Contribuir para que o paciente tenha uma melhora em sua maneira de levar a vida.	2	Culpar-me por algo ou situação que esteja além do meu alcance.

TABELA 11. INICIADA PELO PARTICIPANTE 4

Aspirações		Medos	
4	Tornar-me cirurgião.	4	Cometer um erro médico e matar o paciente.
5	Curar pessoas.	5	Deixar algum dano severo no paciente.
6	Descobrir uma nova forma de tratamento para doenças crônicas.	6	Não ser aceito pelos colegas, por saber um pouco menos que eles.
1	Dar o melhor de mim para ajudar as pessoas.	1	Não gostar do meu trabalho, não me adaptar depois de anos de formação e dedicação.
2	Encarar a "doença" e lidar com ela de forma melhor, compreendê-la de outras formas.	2	Receio de errar no meio de uma cirurgia.
3	Adquirir cada vez mais conhecimento.	3	Não conseguir passar adiante o ensinamento de experiências vividas ou referências de alguém.

TABELA 12. INICIADA PELO PARTICIPANTE 5

Aspirações		Medos	
5	Grande psicóloga. Salvar vidas.	5	Não ser capaz de concluir os diversos trabalhos requisitados.
6	Trabalhar em harmonia com toda a equipe para encontrar melhor forma de cura para os pacientes.	6	Indicar a medicação errada.
1	Que a equipe em que trabalho desenvolva além do compromisso com o paciente a amizade entre os membros.	1	De errar.
2	Tornar-me um ser humano melhor.	2	Não agir devidamente com a vida de alguém que se entrega em minhas mãos.
3	Sentir-se realizado e feliz.	3	Ser displicente.
4	Ajudar crianças a lidar com suas doenças.	4	Envolver-me demais com os casos clínicos.

TABELA 13. INICIADA PELO PARTICIPANTE 6

Aspirações		Medos	
6	Conseguir tratar o maior número de pacientes.	6	Errar na cirurgia.
1	Que todos os pacientes, depois da intervenção de nossa equipe, saia melhor, mais feliz e esteja recuperado.	1	Fazer alguma intervenção que prejudique ou o paciente ou a sua família.
2	Salvar uma vida.	2	Diagnosticar um remédio para o paciente que provoque a sua morte.
3	Motivar o outro a enfrentar os próprios problemas e as situações conflitantes pelo qual está passando.	3	Ser um péssimo profissional.
4	Dar conforto às famílias dos pacientes.	4	Não ter sensibilidade para conversar com os pacientes e suas famílias; falar algo que não devia.
5	Ser um grande médico, mundialmente reconhecido.	5	Matar algum paciente na cirurgia.

Alguns tópicos abordados levantaram possíveis soluções para diminuir a falha na comunicação. Na técnica "Mapa do comportamento", foram citados como melhores lugares para se ocupar o "silêncio" e "falar normalmente", mas os participantes também perceberam como foi difícil não poder se comunicar com quem não respondia e com quem falava de modo diferente do seu.

Na técnica "Quem conta um conto", os participantes sabiam que estavam modificando a história e mesmo assim continuavam a contá-la, prendendo-se em alguns detalhes. Na discussão da técnica que se seguiu, eles verbalizaram que em determinados momentos é necessário considerar os detalhes. Ficou claro para o grupo que as pessoas transmitem a história do modo como a percebem sendo influenciadas pela importância que atribuem aos fatos.

Em relação à técnica "Você sabe ouvir?", os participantes que contavam a história se preocupavam em contar suas histórias e fazer o que foi pedido. Já o outro grupo sentiu-se angustiado em atrapalhar a história da sua dupla, mesmo porque no momento da discussão disseram que gostariam de fazer perguntas e se interessar mais sobre o assunto contado.

Por último, a técnica "Aspirações e medos" gerou uma discussão em torno da necessidade de ajudar o paciente e um medo de fracasso diante de uma situação de grande responsabilidade. Viram nessa atividade que o modo como a informação é passada para o outro membro da equipe pode gerar uma conclusão errada, causando tanto um transtorno para o paciente quanto uma sensação de impotência profissional. E que, ao contrário da falta de informação, quanto maior a quantidade desta, melhor a comunicação dos membros da equipe e, mais ainda, há uma melhora na condição do paciente em todos os seus aspectos.

Conclusão

A intervenção com técnicas de grupo cumpriu o seu propósito, o que teve reflexo na discussão, na constatação de que a comunicação é falha; porém, o número de sujeitos esperado não correspondeu ao número presente. Portanto, talvez o conteúdo trazido no momento da discussão pudesse ser mais aprofundado se contasse com um número maior de participantes.

A partir das técnicas, o grupo interagiu bem, todos os participantes se mobilizaram nas vivências propostas, agindo não só de modo a querer concluir rapidamente a tarefa, mas participando de modo ativo e profundo em cada uma delas. A discussão proporcionou uma reflexão e apreensão do problema vivido por essa equipe e, ainda, levantou possibilidades de contornar os problemas, por exemplo, dando uma melhor atenção para seu colega de trabalho.

17.
Um exemplo de intervenção na área da educação

Resumo

O projeto a seguir apresenta a proposta de intervenção no grupo de alunos administrada no Projeto Pólen* de uma escola estadual em São Paulo, com o objetivo de desenvolver a relação interpessoal. Por meio da aplicação de técnicas vivenciais são trabalhados o conhecimento dos colegas, a identificação grupal, a necessidade do outro e o respeito com ele, estimulando a criação de um ambiente de crescimento pessoal, de reflexão e a conscientização sobre a responsabilidade de seus atos, permitindo a plena realização das atividades propostas na escola.

Justificativa

A partir dos encontros realizados na escola, observou-se a existência de relativa dificuldade na realização das tarefas em um grupo formado por dez crianças. Elas não demonstravam cooperação diante das propostas

---

* O Projeto Pólen de educação ambiental, no âmbito da gestão ambiental pública, visa trabalhar com as crianças a cidadania, a dignidade e a importância da preservação ambiental.

oferecidas pelos professores, além de demonstrarem falta de união e comportamentos hostis entre si. A sessão de intervenção realizada tem o intuito de propiciar a integração interpessoal, o respeito mútuo entre as crianças participantes do projeto e o desenvolvimento de uma identidade grupal, facilitando o manejo e a proposição de atividades diferenciadas com elas.

Objetivos

Desenvolver a identificação grupal entre as crianças por meio da evidenciação de características e objetivos comuns. Proporcionar maior respeito interpessoal facilitando a integração dos componentes do grupo. Desenvolver o trabalho em equipe por meio da percepção da necessidade do outro para se atingir objetivos comuns.

Fundamentação teórica

Para Costa (2002), a produtividade de um grupo e sua eficiência estão estreitamente relacionadas não somente à competência técnica de seus membros, mas, também, à qualidade de suas relações interpessoais.

Ao discorrer sobre a humanização no ambiente de trabalho, Costa aponta as relações interpessoais como um dos elementos que contribui para a formação do relacionamento real na organização, constituindo-se em sua seiva vital. Os elementos organizacionais formais (estrutura administrativa) e informais (relacionamento humano, que emerge das experiências do dia a dia) integram-se para produzir o padrão real de relacionamento humano na organização, definindo a forma como o trabalho deve ser executado e as regras comportamentais implícitas que governam os contatos entre as pessoas.

Falar sobre relacionamento não é fácil, assim como também não é fácil compreendê-lo, no entanto, é um fator fundamental e, muitas vezes, definitivo na vida dos indivíduos.

O desenvolvimento de relações interpessoais para o alcance de melhores resultados na educação escolar – ou em qualquer outro contexto – depende de algumas habilidades específicas, como a comunicação, a integração no grupo, o bom convívio, a cooperação.

- **COMUNICAÇÃO.** Significa tornar algo comum a muitos. Comunicar é estabelecer uma corrente de pensamento ou mensagem, dirigida de um indivíduo a outro com a finalidade de informar, persuadir ou divertir. Significa, também, a troca de informações entre os indivíduos envolvidos. Comunicação interpessoal é um processo de comunicação interativo que se desenvolve entre duas ou mais pessoas em que o emissor constrói significados e desenvolve expectativas na mente do receptor. Comunicar é fornecer ou trocar informações, ideias e sentimentos, por meio de palavras escritas ou verbais, ou por sinais, constituindo-se na base de qualquer relacionamento humano. Comunicar é um comportamento simples que se adquire na infância, porém o que o torna complexo, difícil e frustrante são as barreiras colocadas entre o emissor da mensagem e o seu receptor, que podem ser físicas (espaços geográficos isolados ou censurados), perceptuais (vemos o mundo de forma diferente, caso contrário, não teríamos necessidade de nos comunicar), emocionais (como o medo e a desconfiança), culturais (que afetam a inclusão e aceitação das pessoas nos grupos), linguística (expressões regionais e jargões não passíveis de compreensão para os que não estão familiarizados), de gênero (existem diferenças entre os padrões de expressão entre homens e mulheres).
- **INTEGRAÇÃO.** A integração no grupo ocorre quando as necessidades interpessoais de inclusão, controle e afeição são atendidas, contribuindo para uma boa convivência entre os elementos que formam o grupo.
- **CONVÍVIO.** Conviver é viver com, é partilhar a vida, as atividades com os outros. São encontros para conviver, para buscar juntos um objetivo, e onde se partilha a vida, as experiências e se busca uma projeção futura.

- **COOPERAÇÃO.** Sugere a existência de uma união de pessoas organizadas em torno de uma ação, impulsionadas por uma necessidade que dá motivação transformando a incapacidade individual em possibilidade coletiva. São vários os motivos que levam as pessoas a cooperarem umas com as outras: satisfazer alguma necessidade, sentirem-se mais seguras e protegidas, vontade de participar do que o grupo lhes oferece, respeito ou admiração por alguns membros, medo de sozinhas enfrentar responsabilidades, interesse em experimentar coisas diferentes, coincidência de formas de pensar com outros membros do grupo.

A identidade grupal é de extrema importância para o trabalho e para a dinâmica do próprio grupo. Desde o nascimento, o indivíduo participa de diferentes grupos, numa constante dialética entre a busca de sua identidade individual e a necessidade de uma identidade grupal e social.

Apesar de um grupo se constituir como nova entidade, com uma identidade grupal própria e genuína, é importante que se mantenham preservadas, separadamente, as identidades específicas de cada um dos indivíduos componentes do grupo. Em grupo, os indivíduos que o compõem conservam as próprias identidades, ao mesmo tempo que percebem que precisam perder o individualismo e criar uma identidade grupal.

Um grupo é um conjunto de pessoas com características comuns, com um objetivo em comum, e tal objetivo só pode ser alcançado se o grupo pautar-se em relações de respeito, confiança, cooperação. Esses aspectos, aliados a um processo de inclusão, controle e afeição, bem como a uma liderança adequada, com uma competição moderada entre os integrantes e um respeito às regras, levam a um sucesso do grupo, uma vez que este é composto por indivíduos que buscam desenvolver um bom relacionamento interpessoal, facilitando a identificação grupal e permitindo um sentimento real de pertencimento e igualdade entre todos os membros. O que os faz, por exemplo, sentirem-se à vontade para expor suas ideias e opiniões e desse modo conseguirem atingir soluções de problemas de maneira mais rápida e eficiente.

Metodologia

O grupo foi formado por dez crianças do 6° ano de uma escola estadual em São Paulo participante do Projeto Pólen.

Para a realização da intervenção, foram utilizadas cinco técnicas de grupo em uma única sessão com duas horas de duração. O local para o desenvolvimento das atividades foi a sala de aula.

Procedimentos

Aquecimento 1 — "Jogo dos autógrafos"

- **OBJETIVO:** descontrair e aquecer o grupo, promovendo integração e conhecimento intergrupal, trabalhando a percepção em relação às pessoas.
- **DESCRIÇÃO:** assim que o material é distribuído, solicita-se aos participantes que procurem entre si um colega que tenha a característica mencionada na frase (por exemplo: "Já desfilou em uma escola de samba" ou "Tem mais de três irmãos"), pedindo a ele que dê seu autógrafo no quadrado em que se encontra a respectiva frase. O objetivo é que cada pessoa consiga a maior quantidade de autógrafos, vencendo o jogo quem primeiro fizer "bingo", isto é, quem primeiro completar uma coluna, fileira ou uma diagonal de sua ficha de autógrafos, não valendo autografar a própria ficha. Assim que algum participante do grupo fizer "bingo" o facilitador o chama à frente e confere a cartela, perguntando em voz alta para cada um dos que assinaram a linha de bingo se de fato tem a característica.
- **MATERIAL:** uma cópia do "Jogo dos autógrafos" e uma caneta para cada participante.

TABELA 14. JOGO DOS AUTÓGRAFOS

Gosta de cantar enquanto toma banho.	Fica vermelho (a) facilmente.	Sonha em viajar para a praia.	Toca um instrumento musical.	Gosta de jogar futebol.
Foi ao cinema recentemente.	É friorento(a).	É muito solidário(a) com os amigos.	É pão-duro(a).	É tímido(a).
É guloso(a).	Sente muitas cócegas.	Gosta de contar piadas.	Já ganhou algum campeonato.	Sabe imitar gente famosa.
Nunca ficou de recuperação.	Tira boas notas em matemática.	Já apareceu na televisão.	Gosta de dormir cedo.	Dança muito bem.
Tem mais de quatro irmãos.	Dorme sempre de meias.	Gosta de assistir a novelas.	Gosta de comer pipoca.	Tem um bicho de estimação.

- **DURAÇÃO:** 15 minutos.

Técnica principal 1 — "Jogo dos elásticos"

- **OBJETIVO:** trabalho em equipe, planejamento, visão de conjunto, trabalho sob pressão, ritmo e tensão do grupo.
- **DESCRIÇÃO:** antes de iniciar o jogo, o facilitador deve preparar a sala fazendo as marcações no chão com fita-crepe, entregar um elástico para cada participante e pedir que se unam aos colegas, pelos tornozelos, com os elásticos, de tal forma que todos fiquem presos pelos dois tornozelos, formando uma fila. Somente o primeiro e o último da fila ficarão presos apenas por um dos tornozelos. Em seguida, o facilitador fornece a seguinte instrução:

  > Vamos atravessar um campo radioativo e minado. Se alguém pisar fora das áreas demarcadas haverá uma explosão e todos irão morrer. O grupo inteiro fará a travessia de uma só vez saindo da linha de partida e chegando à linha de chegada (mostrar a linha de partida e a linha de chegada).
  > Só poderão respirar por meio de um suprimento de oxigênio que está sendo transportado pelos elásticos que estão em seus tornozelos. Quem se soltar não poderá respirar e, se isso acontecer, todos deverão voltar ao início do jogo. Se alguém pisar fora dos quadrados, o grupo todo também deverá voltar à linha inicial.

  O facilitador deve ser bem rígido no começo da atividade; se alguém pisar fora do quadrado, deve pedir para recomeçarem o exercício. Após passar as instruções, deve posicionar o grupo antes da linha de partida e pedir que se inicie o jogo, que termina quando todos atravessarem a linha de chegada. Todos continuam presos e ficam atrás da linha de chegada, até que o último tenha completado a travessia.
- **MATERIAL NECESSÁRIO:** um elástico de pneu para cada participante, fita-crepe ou giz para demarcar o chão. O quadrado poderá ter 40 cm × 40 cm. Não pode ser muito grande, caso contrário, os participantes terão facilidade em fazer a travessia.
- **DURAÇÃO:** 30 minutos.

Técnica principal 2 — "Jogo do espaço reduzido"

- **OBJETIVO:** trabalhar a importância do outro e da cooperação.
- **DESCRIÇÃO:** o facilitador entrega um colchonete para cada participante e solicita que fiquem em pé sobre ele. Instrui ao grupo que, assim que ouvirem uma música, deverão sair do colchonete e caminhar pela sala; enquanto isso, o facilitador retira um colchonete da sala. Quando a música parar de tocar, deverão voltar novamente para os colchonetes, sem ninguém ficar de fora, só que agora, dois devem ficar em cima de um único colchonete. O facilitador instrui ao grupo que, sempre que a música parar de tocar, devem voltar a subir nos colchonetes sem deixar ninguém de fora. O processo se repete até sobrar apenas um colchonete, que deverá abrigar todos os membros do grupo.
- **DURAÇÃO:** 15 minutos.
- **MATERIAL NECESSÁRIO:** colchonetes (um para cada participante).

Técnica principal 3 — "Sonhos de bexiga"

- **OBJETIVO:** aprender a respeitar os outros (seus sonhos, condutas, opiniões, etc.)
- **DESCRIÇÃO:** o participante deverá escrever em um pedaço de papel um sonho seu. Em seguida, deverá dobrar o papel e colocá-lo dentro do balão, que será inflado. Cada um fica com um balão e um palito de dente na mão. O facilitador dá a seguinte ordem: "Defendam seus sonhos!"
  Todos devem estar juntos em um lugar espaçoso. A tendência é todos estourarem os balões uns dos outros ao término do tempo estipulado (2 minutos). Quando fizerem isso, o facilitador pergunta: – Por que destruíram os sonhos dos outros? Após alguns minutos de reflexão, o facilitador acrescenta que para defender seu sonho você não precisa destruir os sonhos dos outros, basta que cada um fique parado e nenhum sonho será destruído.
- **DURAÇÃO:** 10 minutos.
- **MATERIAIS:** balões coloridos, caneta, papel sulfite e palitos de dente.

Técnica de encerramento — "Criação de um grito de guerra e de um brasão"

- **OBJETIVO:** estabelecer um momento de reflexão e elaboração de ideias que fortaleçam os vínculos entre os participantes do grupo.
- **DESCRIÇÃO:** o facilitador solicita que todos se dividam em grupos para criar um grito de guerra e um brasão que os representem em 15 minutos. Ao término do tempo, todo o grupo deverá bradar o grito de guerra. Essa técnica será realizada ao final da sessão, na qual o coordenador irá propor a atividade de refletir o que foi discutido e feito durante as outras atividades. Será solicitado que o grupo se divida em dois, de modo que cada metade seja encarregada de uma tarefa: uma, do grito de guerra e a outra, da confecção do brasão do grupo, de modo que ambas sirvam ao grupo como um todo.
- **DURAÇÃO:** 15 minutos.
- **MATERIAL NECESSÁRIO:** 2 cartolinas (uma para escrever o grito e outra para colar o brasão), folhas de sulfite, lápis, canetas coloridas, revistas e jornais para recorte, tesoura e cola.

Apresentação dos resultados

Na primeira atividade, "G", um dos participantes, se aproximou de "M" para conversar e jogar, quando ela começou a chorar e se trancou em si mesma sem dizer uma única palavra até o final da atividade. As outras crianças, enquanto jogavam e buscavam pelos autógrafos, tentaram em vão conversar. "L" foi a vencedora e comemorou muito, e perguntou qual seria seu prêmio. Após receber dois bombons, ofereceu um à "M", na tentativa de animar a colega.

Questionados sobre como fora a atividade e se gostaram de realizá-la, "L" afirmou que gostou muito porque fora a vencedora; "A" afirmou que não gostou porque perdera o jogo; "B" disse que, apesar de ter perdido o jogo, gostou de participar; e "M" não disse nada.

Nessa atividade, as crianças foram além do simples jogo, pois utilizaram as informações obtidas no jogo para conversar e fazer novas descobertas sobre os colegas, as quais foram lembradas durante toda a intervenção.

Na segunda atividade, "Jogo dos elásticos ", "M" comentou que não queria participar, mas aceitou por insistência de "D", que estava ao seu lado incentivando-a. "A" estava posicionada no meio da fila e começou a dar coordenadas para o resto do grupo. Quando estavam na metade do caminho, uma das crianças pisou fora da área demarcada e todos retornaram à linha de partida. A atividade fez com que todos rissem muito, pois não conseguiam andar todos juntos. Recomeçaram a travessia quando um aluno se desequilibrou, fazendo todos voltarem de novo ao início, o que deixou alguns nervosos. Somente na quarta tentativa o grupo conseguiu atravessar todo o percurso.

Durante o jogo, algumas crianças verbalizaram se não seria melhor tirarem os tênis, pois assim ocupariam menos espaço no quadrado, sendo também mais fácil para um pisar no pé do outro se fosse preciso, sem machucar o pé do colega. Todos aceitaram a sugestão. Na segunda tentativa, elaboraram melhor como deveriam fazer para caminharem juntos sem saírem do quadrado e como fariam para ocupar um espaço tão pequeno de uma só vez.

Após o término do jogo, as crianças disseram que gostaram muito da atividade e que só conseguiram atravessar todo o caminho porque conversaram durante o jogo sobre a melhor forma de consegui-lo e porque cada um cedeu um pouco de seu espaço para o outro o acompanhar. "M" relatou ter gostado de participar da atividade proposta.

No "Jogo do espaço reduzido" (colchonetes), enquanto a música estava sendo tocada, todos se divertiram dançando e buscando formas divertidas de se movimentarem pela sala, andando de costas, por exemplo. Todos conseguiram se organizar bem dentro dos quadrados até o momento em que sobraram apenas dois colchonetes. Quando o último foi retirado, sobrando apenas um, o grupo encontrou muitas dificuldades para que todos ficassem dentro do mesmo colchonete. Pensaram em várias formas de organizar os pés para que conseguissem, mas na hora de tirarem os pés que estavam fora da área demarcada se desequilibravam, tendo de começar de novo ou sendo avisados de alguma parte do pé de alguém que estava para fora. Após alguns minutos, conseguiram realizar a tarefa e comemoraram bastante.

Durante a discussão sobre a técnica, verbalizaram ter gostado bastante da atividade e perceberam que "M" havia participado com muita vontade, deixando todos muito felizes. Uma das crianças disse ter gostado muito da atividade, pois permitiu que se abraçassem quando tentavam ficar juntos sobre o colchonete. Logo depois, pediram desculpas por terem pisado nos pés dos amigos e por tê-los empurrado durante o jogo. Houve o questionamento sobre se sempre se deve pedir desculpas quando se faz algo de errado ou se quando fazemos algo "sem querer" o pedido não é necessário.

Questionados sobre o que acharam de as regras serem rígidas, as crianças disseram não ter gostado muito e que normalmente, quando há muitas regras para qualquer atividade que devam realizar na escola, eles não gostam. Nesse momento, uma das crianças comentou que regras também são necessárias como no futebol, pois, se não houvesse regras no jogo, este não ocorreria de uma forma interessante.

O facilitador levou o grupo a refletir sobre a necessidade que cada um teve dos outros colegas para que as atividades fossem realizadas.

Acrescentou, ainda, que para o sucesso da reunião que tiveram foi preciso que estivessem na sala no horário correto, pois se todos tivessem faltado ao compromisso do encontro ele não teria se realizado ou poderia ter sido realizado com limitações.

As crianças começaram a falar sobre o que costumavam fazer depois das aulas do colégio, como eram suas famílias e há quanto tempo se conheciam, e novamente perceberam que o "Jogo dos autógrafos" trouxera conhecimentos novos sobre os colegas.

Nesse momento, deu-se início à atividade dos sonhos. Após a instrução do facilitador de que deviam defender seus sonhos, as crianças escreveram seus maiores sonhos no pedaço de papel, colocaram-no dentro do balão e o encheram, dando um nó na ponta para ele não se esvaziar. Cada um se dirigiu para um canto da sala. Até esse momento nenhum participante tentou estourar a bexiga de outro colega. "G" colocou sua bexiga dentro do cesto de lixo. Quando questionado sobre o motivo de ter colocado seu sonho naquele local, "G" argumentou que aquilo era uma cápsula protetora e que, portanto, seu sonho não corria o risco de ser "estourado" pelos colegas. Nesse momento, as crianças começaram a estourar a bexiga dos amigos, exceto "M", que permaneceu imóvel observando a todos após ter sua bexiga estourada. A última bexiga a ser estourada foi a de "G".

Após o término da atividade, o facilitador questionou como eles se sentiram durante o jogo e a resposta foi a de que gostaram de participar. Indagados sobre como foi estourar o sonho do colega e ter o próprio sonho estourado, as crianças dividiram opiniões. "L", que tinha como sonho ter um videogame PS, disse que gostou muito da brincadeira, inclusive de estourar as bexigas dos colegas, sendo divertido; "A", que sonhava ser famosa como a Hannah Montana, acrescentou que não gostou de ter sua bexiga estourada, mas pela brincadeira, porque, por mais que a bexiga simbolizasse seu sonho, a bexiga não era de fato seu sonho. "M" se limitou a dizer que não quis estourar a bexiga de ninguém, e que seu sonho era ter uma cama só para ela, pois, como tem mais seis irmãos e é de família pobre, divide uma cama de solteiro com mais um irmão menor. "G", que sonhava em ver seu time ser campeão, disse que não se importou em estourar a bexiga dos outros e ter a sua estourada, pois tudo não passava de uma brincadeira.

O fato de as crianças comentarem sobre seus sonhos mobilizou os alunos de forma que questionaram os sonhos e pensaram juntos em possíveis medidas que poderiam tomar para que se tornassem realidade. O sonho mais comentado foi o de "M", que falou um pouco mais dessa vez contando sobre as condições de sua família.

Quando o assunto acabou e as crianças pareciam estar menos agitadas, foi proposta a última atividade, a do grito de guerra e do brasão. O grupo se dividiu para confeccionar o brasão e o grito de guerra. Apesar da autonomia que os subgrupos tiveram para a criação, se preocuparam em consultar a outra parte do grupo para ver se as ideias eram do agrado de todos. Como o grito de guerra foi o primeiro a ser concluído, os integrantes desse subgrupo passaram a ajudar o subgrupo do brasão. Ao término da confecção do brasão, ensaiaram o grito de guerra e levantaram o brasão o mais alto que conseguiram.

O facilitador questionou sobre o que haviam pensado durante a atividade. Os alunos responderam que observaram que precisavam uns dos outros para cumprir as tarefas; que a comunicação entre eles é fundamental para a obtenção do sucesso e que eles realmente formaram um grupo e estavam muito felizes por isso.

Discussão dos resultados

Pichon-Rivière estrutura sua teoria baseando-se no conceito de vínculo, que para ele seria uma estrutura complexa que inclui um sujeito, um objeto, e sua mútua inter-relação com o processo de comunicação e aprendizagem. Desse modo, é essencial considerar o tempo e o espaço em comum nos quais as relações são estabelecidas entre os indivíduos do grupo. No caso em questão, o vínculo seria formado no tempo e espaço comuns compartilhados em uma escola estadual de São Paulo, possibilitando que ocorresse a internalização do outro, e vice-versa, isto é, uma dupla representação interna, sendo isso um dos objetivos da intervenção realizada.

Nesse contexto, é importante relembrar o conceito de grupo operativo, que consiste em um conjunto de pessoas vinculadas (a partir das vivências realizadas no mesmo tempo e espaço) que se mobilizam para a realização de uma tarefa que, por sua vez, possui uma finalidade. Tal tarefa explícita possui junto de si uma tarefa implícita, que permite observar e identificar a presença de dificultadores da aprendizagem e da comunicação. O grupo operativo possui o objetivo de desenvolver a habilidade de resolver contradições dialéticas.

No ambiente escolar, observa-se que os componentes do grupo possuem como tarefa explícita se unirem para aprender; a partir da realização dessa tarefa, é possível observar a emersão de conteúdos implícitos. Quando um grupo formado por vários componentes, cada qual com seu Ecro individual – suas experiências, suas ideologias, seus modos de pensar, seus afetos e demais conteúdos –, se confronta com os Ecros dos demais, provoca um movimento dialético, o que torna possível a formação de um Ecro grupal, que se constitui num facilitador da comunicação no grupo. Entretanto, tal movimento só se torna possível pela aprendizagem que se dá ao longo da tarefa vivenciada em grupo.

Conclusões

Após a apresentação objetiva dos resultados e de sua análise, concluiu-se que a intervenção atingiu seu principal objetivo de trabalhar as relações interpessoais por meio do estreitamento dos vínculos entre os integrantes do grupo.

As atividades propostas, que trabalharam questões relativas à afiliação, pertença, pertinência, comunicação, telê e cooperação, possibilitaram que o grupo fizesse um movimento que partisse pouco a pouco dos conteúdos manifestos em direção aos latentes, aumentando o vínculo entre os componentes do grupo dentro do tempo e espaço comuns entre eles e dentro das tarefas explícitas, comuns a todos. Houve a possibilidade de o grupo trabalhar em equipe, com cooperação e respeito às opiniões dos outros.

À luz da produção do grupo na última tarefa proposta (da discussão promovida no fechamento da intervenção e do grito de guerra e brasão), percebe-se que os vínculos foram efetivamente trabalhados, havendo maior coesão do grupo. No entanto, sugere-se que novos encontros sejam promovidos com o intuito de fortalecer ainda mais os vínculos criados.

18.
Um exemplo de intervenção na área organizacional

Na área organizacional desenvolveu-se uma intervenção de caráter psicossocial com o objetivo de levar os membros de uma equipe de trabalho a refletir sobre o relacionamento interpessoal que estabeleciam uns com os outros, buscando identificar as causas geradoras dos seus conflitos.

Resumo

No relacionamento com o outro, observar o que se fala, como se fala, como se ouve, como se pensa, em vez de fazê-lo inconsciente e automaticamente, é de extrema importância para se estabelecer relações interpessoais saudáveis. As relações interpessoais devem ser zeladas principalmente em um ambiente em que elas são fundamentais para se alcançar um objetivo maior, como as que ocorrem em ambientes de trabalho. Desenvolver a habilidade de perceber os próprios padrões de relacionamento, os vícios da fala, os hábitos do cotidiano que prejudicam essa rede interpessoal, pode ser de grande utilidade não só para melhorar a qualidade de vida, mas também para aumentar a produtividade em uma empresa. O projeto de intervenção a seguir preocupa-se com a compreensão da alteridade em funcionários de uma empresa, sem descuidar dos aspectos de autoconhecimento inerentes. Tal compreensão propicia mudanças no âmbito das relações interpessoais de um grupo.

Justificativa

A partir dos encontros realizados com o dono da empresa, foi identificada a necessidade de levar os membros da equipe de produção a se desenvolverem no relacionamento interpessoal, pois a diferença de idade, crença, grau de escolaridade e até mesmo de percepção estava interferindo na qualidade dos produtos, aumentando o retrabalho ou levando os funcionários a realizar horas extras, o que, segundo a política da empresa, não era interessante, pois tirava o funcionário do convívio familiar.

Objetivos

Levar o grupo a refletir sobre seus padrões de relacionamento interpessoal, identificando aspectos facilitadores e restritivos para o alcance dos objetivos organizacionais, e facilitar a compreensão da alteridade em funcionários de uma mesma equipe de trabalho.

Metodologia

O grupo foi formado por seis funcionários do departamento de produção de uma empresa alimentícia. Para a realização da intervenção, foram utilizadas seis técnicas de grupo, em uma única sessão com três horas de duração. O local para o desenvolvimento das atividades foi a sala de reuniões da própria empresa logo após o término do expediente. Os funcionários lancharam e em seguida deu-se início às atividades.

Procedimentos

Aquecimento — "Balões no ar"

- **OBJETIVOS:** incentivar os participantes a se descontraírem e se motivarem a participar da intervenção.
- **DESCRIÇÃO:** bexigas cheias (previamente preparadas e reservadas dentro de sacolas plásticas), na proporção de três bexigas por participante, que serão lançadas na sala. O objetivo do grupo será manter todas as bexigas no ar sem que elas possam, no entanto, serem seguradas. Assim que os participantes conseguirem manter todas as bexigas no ar (deixar por 1 ou 2 minutos), eles deverão estourar todas da forma que quiserem.
- **DURAÇÃO:** 10 minutos.
- **MATERIAL NECESSÁRIO:** bexigas (em quantidade três vezes maior que o número de participantes).

Técnica principal 1 — "Rótulos"

- **OBJETIVOS:** proporcionar reflexão sobre como cada participante se sente quando tratado de maneira ressonante a um rótulo atribuído a ele, e a reflexão sobre os próprios preconceitos.
- **DESCRIÇÃO:** instruir o grupo de que cada um dos participantes receberá um rótulo que será grudado em sua testa. Ele não saberá o seu conteúdo, apenas seus colegas saberão. Deverão então discutir sobre o seguinte tema: "Quem, do grupo, estaria mais preparado para assumir um cargo mais elevado na empresa em que trabalha?". Durante a discussão, cada membro do grupo deve ser tratado de forma coerente com o rótulo que recebeu, sem que, no entanto, o rótulo seja explicitado verbalmente a quem o recebeu. A discussão será interrompida quando todos perceberem (ou acreditarem terem percebido) qual o conteúdo do próprio rótulo ou quando o limite de tempo (10 minutos) tiver se esgotado.
- **DURAÇÃO:** 10 minutos.
- **MATERIAL NECESSÁRIO:** etiquetas adesivas com o nome de um perfil estereotipado, um para cada participante, conforme modelo a seguir:

TABELA 15. MODELO DE ETIQUETA DO PERFIL

Confuso	TOC de limpeza
Depressivo	Valentão
Tímido	Maníaca por atividade física

Técnica principal 2 — "Técnica do novelo"

- **OBJETIVOS:** proporcionar reflexão quanto à atenção dedicada à escuta da alteridade.
- **DESCRIÇÃO:** fichas com a descrição de perfis que complementem o rótulo recebido na atividade anterior são entregues para cada um dos componentes da dinâmica, contendo a ocupação do participante, formação, interesses pessoais e traços de personalidade. Após 3 minutos de estudo dos dados contidos em cada ficha, todos devem devolver a ficha para o facilitador e se colocar em círculo. Para um dos membros do grupo é entregue um novelo de lã.
  O participante que estiver segurando o novelo deverá se apresentar de acordo com a ficha que recebeu anteriormente e em seguida deverá jogar o novelo para outro participante (segurando a ponta do novelo). O participante que receber o novelo deverá apresentar-se. Quando o primeiro participante tiver recebido o novelo novamente, todos deverão observar o desenho formado pela lã e comentar a respeito do seu significado. Encerrado o momento dos comentários, pede-se ao primeiro membro que diga tudo o que lembrar a respeito do participante de quem recebeu o novelo e devolva o novelo a ele. Dessa maneira, todos deverão repetir o que foi dito pela pessoa que lhe jogou o novelo até que todo o novelo retorne ao primeiro participante. É solicitado que todos os membros do grupo gravem e reflitam a respeito das informações que memorizaram das apresentações, assim como das informações que deixaram de gravar.
- **DURAÇÃO:** 15 minutos.
- **MATERIAL NECESSÁRIO:** novelo de lã; fichas com os perfis que complementem o rótulo (entregue na técnica anterior). As fichas apresentadas foram:

PERFIL: MANÍACO
Idade: 46 anos
Atributos: agilidade, alta concentração, persistência.
Graduação: administração.
Interesses: artes marciais, vida saudável.
Necessidades: acolhimento e paciência.
Família: casado, duas filhas adolescentes, amantes.

PERFIL: DEPRESSIVO
Idade: 72 anos
Atributos: completa o que faz, é dedicado. Conhece boas histórias.
Graduação: propaganda. Tem especializações.
Interesses: leitura (ao menos um livro por semana), gastronomia.
Necessidades: não é ágil, precisa sempre ser orientado sobre o que fazer (pouca autonomia). Tem problemas na coluna.
Família: viúvo, mora com 14 gatos.

PERFIL: TÍMIDO
Idade: 26 anos
Atributos: dedicação, competência, companheirismo, criatividade.
Graduação: pós-graduado.
Interesses: música, coleção de selos.
Necessidades: não consegue se impor ou se expressar satisfatoriamente em público.
Família: tem namorada, mora com os pais.

PERFIL: CONFUSO
Idade: 30 anos
Atributos: honestidade, egocentrismo, narcisismo, irritadiço.
Graduação: matemática.
Interesses: física, astrologia e *feng shui*.
Necessidades: atenção constante, muita paciência.
Família: solteiro, mora com os pais. Considera grupo de amigos como sua verdadeira família.

PERFIL: VALENTÃO
Idade: 27 anos
Atributos: irritadiço, homossexual, autorreferente: é "a última bolacha do pacote".
Graduação: está se graduando em educação física. Abandonou quatro cursos.
Interesses: artes marciais (jiu-jítsu, faixa preta), vida saudável.
Necessidades: reconhecimento.
Família: namora um professor de ioga.

PERFIL: TOC DE LIMPEZA
Idade: 56 anos
Atributos: organização, pontualidade, rigor, detalhismo.
Graduação: jornalismo.
Interesses: pilates, colecionismo (selos, moedas, latinhas, tampinhas de garrafa e borboletas).
Necessidades: paciência e distância.
Família: mora sozinho. Odeia animais.

Técnica principal 3 — "Técnica do cochicho"

- **OBJETIVOS:** refletir a respeito das falhas no processo de comunicação.
- **DESCRIÇÃO:** atribuir um número de 1 a 6 a cada participante. Solicitar que o número 1 fique dentro da sala e os demais saiam. Ao número 1 o facilitador solicita que leia em voz alta a história que acabara de receber. Assim que terminar a leitura, o facilitador recolhe a história e solicita que o número 1 conte o que lera para o número 2, chamando-o para dentro da sala. Ao término da história, o número 2 reproduz o que ouviu para o número 3, e assim sucessivamente até que o número 5 conte o que ouviu para o número 6 e este reproduza a história que ouvira para o grupo todo.
- **DURAÇÃO:** 15 minutos.
- **MATERIAL NECESSÁRIO:** cópia da história.

Certa vez, quando Epaminondas Neto viu no espelho seu reflexo, percebeu que seu cabelo havia caído. Depois de muito pensar, decidiu ir a um médico boliviano, onde poderia enfim descansar e até pintar seu cabelo com o urucum mais vermelho dos índios viciados em coca. Lá chegando, sentindo-se sonolento, resolveu procurar seu hotel pelas ruas labirínticas das cidades perdidas: deu um passo para a direita, dois passos para a esquerda, seguiu reto até dar de cara com uma parede estranhamente roxa, que lhe causou grande irritação de pele, andou a noroeste até dizer chega, caminhou mais um pouco para a esquerda e, posicionando-se de costas para onde o Sol se põe, virou-se 165 graus à esquerda novamente e chegou ao hotel. Lá se encontrou com o médico, que não percebeu qualquer queda capilar, mas uma esquizofrenia manifesta.

Técnica principal 4 — "Técnica da mímica do elefante"

- **OBJETIVOS:** intensificar as possíveis considerações elaboradas pelos participantes na prática anterior, dessa vez evidenciando distorções por meio de comunicação não verbal.
- **DESCRIÇÃO:** entregar uma folha de papel a cada integrante. Será atribuído um número de ordem de 1 a 6 a cada um dos participantes. Em seguida é solicitado que todos fiquem em silêncio, pois irão participar de um jogo de mímicas. Será solicitado ao participante de número 1 que fique de frente para o grupo. Em seguida, deverá ler silenciosamente o cartão que apresenta a mímica que terá de ser efetuada. Para isso, cada pessoa terá um minuto de tempo. Após o término da mímica, o facilitador solicita que todos os demais participantes escrevam o que identificaram da mímica na folha previamente entregue. Em seguida, é solicitado ao número 2 que vá à frente do grupo e faça a mímica que julgou ser a mímica feita pelo participante número 1, tendo também 1 minuto de tempo para isso. Ao seu término, todos deverão anotar o que acreditam ter sido representado. A atividade vai se repetindo até que todos tenham passado pela situação de realizar a mímica. No final das apresentações, o facilitador solicita que cada membro do grupo leia o que escreveu acerca da primeira mímica; em seguida, solicita que leiam o que acreditam ser a segunda mímica, e assim sucessivamente até que o facilitador diz o que estava escrito no cartão que orientou a primeira mímica.
- **DURAÇÃO:** 10 minutos.
- **MATERIAL NECESSÁRIO:** cartão previamente preparado com a mímica a ser representada; lápis e papel para cada participante.

Técnica de relaxamento

- **OBJETIVOS:** levar os participantes a se descontraírem, relaxarem e refletirem sobre o ocorrido na intervenção.
- **DESCRIÇÃO:** os participantes deverão se deitar em colchonetes. Ao som de uma música instrumental, serão levados a se concentrarem em cada membro do seu corpo. Em seguida, serão guiados a perceberem a pressão que o corpo deles exerce no chão de forma a proporcionar uma reflexão de como estão se sentindo. No final, todos deverão se espreguiçar e se levantar.
- **DURAÇÃO:** 7 minutos.
- **MATERIAL NECESSÁRIO:** um colchonete para cada participante e um CD com música relaxante.

Apresentação e discussão dos resultados

Na técnica de aquecimento, todos os membros do grupo se doaram para a realização da tarefa, mostraram-se muito dispostos e se ajudaram mutuamente. Verbalizaram que se divertiram, o que os motivou, mas também que se cansaram, pois precisavam empenhar muito esforço físico na atividade. Inicialmente, conseguiram manter praticamente todos os balões no ar. O grupo focalizou tanto na tarefa de manter os balões no ar que esqueceu que deveria estourá-los quando essa meta fosse atingida. "N" comentou que "todo mundo se focou muito no que tinha que fazer e se esqueceu de olhar para o outro" [sic], revelando um movimento mais individual na totalidade grupal. Outra integrante do grupo, "D", acrescentou que "a individualidade atrapalha nas atividades que o sujeito desempenha, impedindo que se desenvolva mais plenamente seu potencial se verificasse como seu colega poderia contribuir para o resultado final da equipe." [sic].

Na técnica "Rótulos", os integrantes cooperaram com a atividade, mas focalizaram quase que exclusivamente na tarefa de descobrir qual era o seu rótulo, não se preocupando em discutir sobre a suposta promoção de quem estaria mais apto a ocupar um determinado cargo na empresa. Para descobrir qual rótulo era o seu, cada membro do grupo precisou da colaboração dos demais integrantes. E isso ocorreu num clima de camaradagem em que dicas foram passadas mesmo que não solicitadas. Isso pôde ser observado na fala de "R" dirigida a "Al". "Se você quiser chorar a gente tá aqui" [sic]. Todos descobriram seus rótulos, mas ninguém discutiu o tema proposto.

R = Confuso	M = TOC de limpeza
A1 = Depressivo	A = Valentão
N = Tímido	D = Maníaca por atividade física

Durante a aplicação da técnica do novelo, "A" afirmou que cursava educação física; "M" afirmou gostar de limpeza; "R" disse ter amigos e ser um pouco irritado (o único, dentre todos os participantes, que apontou uma característica negativa de personalidade); "D" comentou que gostava de comer bem, que tinha duas filhas e se considerava uma pessoa saudável; "Al" disse sua idade (72 anos), afirmando ter se graduado em propaganda, ser dono de 14 gatos e sofrer de problemas na coluna. Por fim, "N" revelou sua idade, sua pós-graduação e suas qualidades. Durante a apresentação de "Al", "A," dentro de sua personagem, questionou, em tom de deboche, se já existia o curso de propaganda na época em que ele era jovem. Tal comentário incomodou todos os presentes e isso foi trabalhado durante a discussão final.

Quando questionados sobre a figura formada pelo novelo, os membros do grupo fizeram os seguintes comentários:

A: "A minha parte está boa".

M: "Muito desorganizado, tá me dando nervoso".

N: "Tá parecendo zigue-zague".

D: "Muito espaço".

A1: "Parece que eu trabalhei mais que os outros, pois minha linha é a mais comprida".

R: "Eu me identifico com isso".

Após terem se distraído confabulando sobre o desenho formado pelo novelo, foi pedido aos membros do grupo que fossem devolvendo o rolo para a pessoa anterior, apresentando-a. Os participantes apresentaram seus antecessores da seguinte maneira:

N: "Recebi o novelo de "A1" (apontando); não lembro o nome que ele usou para se apresentar. Ele tem 72 anos de idade, vários gatos, é viúvo, e fez propaganda".

A1: "Recebi o novelo de "D". Não lembro o nome que ela usou ao se apresentar. Ela faz artes marciais e se alimenta bem".

D: "Recebi o novelo de "R", que usou o nome de Santos. Sua formação é em administração, tem 45 anos de idade e se irrita muito fácil".

R: "Recebi de "M", que possui uma coleção de selos, gosta de arrumação e é só".

M: "Recebi o novelo de "A". Ela gosta de lutar jiu-jítsu, e sei que é formada em uma faculdade, mas não lembro o curso que ela fez".

A: "Recebi o novelo de "N". Ela se apresentou como sendo nerd".

A técnica serviu para levantar questionamentos sobre como cada um enxerga e percebe o outro e para demonstrar a inexistência da proficiência para prestar atenção à história pessoal de cada um. Os membros do grupo, que tomaram como pressuposto não apresentar características negativas, levantaram a questão a respeito da influência que esse tipo de pressuposto tem em seu dia a dia de trabalho. As pessoas lembram mais dos seus defeitos do que de suas qualidades. Lembram mais das coisas que você faz errado e não dos seus acertos.

Na técnica do cochicho, como "A" leu a história original, foi capaz de se lembrar de muitos detalhes repassando-os para "R", que foi o próximo. Nesse momento, o problema da comunicação não estava na informação transmitida, mas em fatores externos que atrapalhavam a escuta: a história deveria ser contada no ouvido de "R" e, para que os outros integrantes do grupo não ouvissem, foi ligada uma música em volume médio.

"R" passou a mensagem para "A1", que já não se lembrava exatamente da ordem dos fatos da história. "A1" solicitou que "R" repetisse a história (que também não era regra do jogo). "A1" transmitiu a mensagem para "D", que, em vez de repetir o que ouvira de "A1", disse apenas "é um médico", e inventa o resto. "D", ao transmitir a mensagem para "N", no lugar de repetir o que "A1" lhe dissera, cumpriu a ordem recebida e inventou uma história totalmente diferente da original, burlando a regra do jogo. "N" repassou a mensagem para "M", que repassou em voz alta para todo o grupo. Quando o facilitador leu novamente a história original, o grupo percebeu que a história final era bem diferente.

Interessante notar os diferentes tipos de barreiras que ocorrem durante o processo de comunicação: esquecimento de fatos ou detalhes, passar de forma confusa o que se pretende comunicar, não dar a devida atenção ao que estamos ouvindo, ouvir somente o que queremos escutar e inventar dados na história. O grupo percebeu que são muitas as dificuldades. O que é mais perigoso é que as pessoas lidam com a informação como se ela fosse exata quando não é. É quase impossível que uma informação seja transmitida em um grupo sem que se acrescentem valores ou toques pessoais de cada integrante. Tendo isso em mente, o grupo refletiu sobre a importância de passar a informação com a maior clareza e ouvir com a maior atenção, sempre considerando que o que ouvirem tem grande chance de não ser exatamente aquilo que foi passado originalmente, sendo importante relativizar aquilo que escutamos dos outros.

Uma vez que a informação é passada de forma verbal, é impossível que ela seja totalmente imparcial, por isso a tarefa do grupo é tentar impedir ao máximo que fatores intervenientes influenciem a informação, prestando atenção no processo comunicativo de forma geral. As dificuldades na comunicação não atrapalham apenas o desenrolar da história, mas também o objetivo final, a tarefa proposta, que foi desvirtuada, e as regras do jogo, que foram parcialmente deixadas de lado. Em uma empresa, isso afeta o funcionamento da equipe de trabalho, levando em conta as maiores proporções.

Na técnica da mímica do elefante o grupo, por unanimidade, concluiu que "R" havia feito a mímica de um pintor manco. A mímica de "Al" foi percebida como um homem manco que viu um elefante e o pintou; alguém com alergia à tinta e é manco; alguém que lê jornal, faz anotações e toma remédios; alguém que viu uma erupção vulcânica e ficou nervoso ou um pintor muito doente.

Essa técnica é útil para ilustrar a importância que a linguagem não verbal tem nos processos de comunicação, dando margem a interpretações errôneas e dificultando a transmissão da mensagem. Numa equipe de trabalho, a informação passa de pessoa a pessoa, e, se uma delas estiver menos atenta e engajada na atividade, essa informação é alterada. Mesmo que a alteração ocorra de maneira ingênua e despropositada, ela exercerá um impacto significativo no relacionamento interpessoal.

Bibliografia

AFONSO, Maria Lúcia M. (org.). *Oficinas em dinâmica de grupo: um método de intervenção psicossocial.* São Paulo: Casa do Psicólogo, 2010.

ALLESSANDRINI, Cristina Dias. *Oficina criativa e psicopedagogia.* São Paulo: Casa do Psicólogo, 1996.

ALMEIDA, Carmen Garcia de (org.). *Intervenções em grupo: estratégias psicológicas para a melhoria da qualidade de vida.* Campinas: Papirus, 2003.

ÁLVARO, Jose Luis & GARRIDO, Alicia. *Psicologia social: perspectivas psicológicas e sociológica.* São Paulo: McGraw-Hill, 2006.

ANDALÓ, Carmen Sílvia de Arruda. Em *Psicologia USP*, 12 (1), 2001.

ANDRADE, Suely Gregori. *Teoria e prática de dinâmica de grupo: jogos e exercícios.* São Paulo: Casa do Psicólogo, 1999.

ANTUNES, Celso. *Manual de técnicas de dinâmica de grupo de sensibilização de ludopedagogia.* Petrópolis: Vozes, 2002.

BALES, R. J. *Interaction Processes Analysis: a Method for the Study of Small Groups.* Cambridge (Mass.): Addison Wesley, 1950.

BALLESTERO-ALVAREZ, María Esmeralda. *Exercitando as inteligências múltiplas: dinâmicas de grupo fáceis e rápidas para o ensino superior.* Campinas: Papirus, 2004.

BAREMBLITT, Gregório (org.). *Grupos: teoria e técnica.* Rio de Janeiro: Edições Graal, 1986.

BAROLLI, E. *Reflexões sobre o trabalho dos estudantes no laboratório didático.* Tese de doutorado. São Paulo: Faculdade de Educação da Universidade de São Paulo, 1998.

BATITUCCI, Márcio Dayrell. *Equipes 100%: o novo modelo do trabalho cooperativo no 3º milênio.* São Paulo: Makron Books, 2002.

BLEGER, José. *Psico-higiene e psicologia institucional.* Porto Alegre: Artmed, 1984.

BION, W. R. *Experiências com grupos.* Rio de Janeiro: Imago, 1975.

BURNES, B. "Kurt Lewin and Complexity Theories: Back to the Future?" Em *Journal of Change Management*, 4 (4), s/l, dez. de 2004.

CARNEIRO, Francisco Danúzio de Macêdo. *Dinâmica grupal: conceituação, história, classificação e campos de aplicação*. Fortaleza: Fundação Biblioteca Nacional, 1998.

CARVALHO, Jair Antonio de *et al.* "Andragogia: considerações sobre a aprendizagem do adulto". Em *REMPEC – Ensino, Saúde e Ambiente* 3 (1), abr. de 2010. Disponível em: http://www.*ensinosaudeambiente.com.br/edicoes/volume%203/artigo5.pdf*. Acesso em 27 out. 2013.

CASTILHO, Áurea. *A dinâmica do trabalho de grupo*. Rio de Janeiro: Qualitymark, 2001.

COSTA, W. S. da. "Resgate da humanização no ambiente de trabalho". Em *Caderno de Pesquisas em Administração*: PPGA/FEA-USP, 9 (2), São Paulo, abr./jun. de 2002.

________________. "Humanização, relacionamento interpessoal e ética". Em *Caderno de Pesquisas em Administração*: PPGA/FEA-USP, 11 (1), São Paulo, jan./mar. de 2004.

ELIZALDE, L. López-Yarto. *Dinámica de grupos: cincuenta años después*. Bilbao: Desclée de Brouwer, 1997.

FAILDE, Izabel. *Manual do facilitador para dinâmicas de grupo*. Campinas: Papirus, 2007.

FERNÁNDEZ, Ana María. *O campo grupal: notas para uma genealogia*. São Paulo: Martins Fontes, 2006.

FLEURY, Heloisa Junqueira & MARRA, Marlene Magnabosco (orgs.). *Intervenções grupais na educação*. São Paulo: Ágora, 2005.

________________. *Intervenções grupais na saúde*. São Paulo: Ágora, 2005.

________________. *Intervenções grupais nas organizações*. São Paulo: Ágora, 2005.

FREUD, S. *Formulações sobre os dois princípios do funcionamento mental*. Rio de Janeiro: Imago, 1987.

GAYOTTO, Maria Leonor Cunha (org.). *Liderança II: aprenda a coordenar grupos*. Petrópolis: Vozes, 2003.

________________. "Conformação dos mitos grupais: início de um grupo". Instituto Pichon-Rivière, *Centro de Estudos dos Fenômenos Grupais: família, instituição, comunidade*, 1988.

GONZÁLEZ, M. P. *Orientaciones teóricas fundamentales en psicología de los grupos*. Barcelona: EUB, 1997.

GRAMIGNA, Maria Rita. *Jogos de empresa e técnicas vivenciais*. São Paulo: Pearson, 2007.

GRINBERG, Leon; SOR, Dario; BIANCHEDI, E. *Introdução às ideias de Bion*. Rio de Janeiro: Imago, 1973.

HERKERT, Rolf. *Pausa de 90 segundos: exercícios rápidos para relaxar*. São Paulo: Casa do Psicólogo. 2002.

KIRBY, Andy. *150 jogos de treinamento*. São Paulo: T&D Editora, 1995.

KOLB, David A. *Aprendizagem experiencial: experiência como fonte de aprendizagem e desenvolvimento*. Nova Jersey: Prentice-Hall, 1984.

__________ & Fry, Ron. "Toward an Applied Theory of Experiential Learning". Em *Theories of Group Process*. Londres: John Wiley, 1975.

LANE, S. T. M. & Freitas, M. F. Q. "Processo grupal na perspectiva de Ignácio Martín-Baró: reflexões acerca de seis contextos concretos". Em *Revista Interamericana de Psicologia*, 31(2), 1997.

LEWIN, Kurt. *Teoria do campo em ciência social*. São Paulo: Pioneira, 1965.

__________. *Problemas de dinâmica de grupo*. São Paulo: Cultrix, 1970.

LIEBMANN, Marian. *Exercícios de arte para grupos: um manual de temas, jogos e exercícios*. São Paulo: Summus, 2000.

LOPES, P. C. *Formação de administradores: uma abordagem estrutural e técnico-didática*. Tese de doutorado em engenharia da produção. Florianópolis: Programa de Pós-graduação em Engenharia da Produção da Universidade Federal de Santa Catarina, 2001.

LUPERINI, Roberto. *Dinâmicas e jogos na empresa: método, instrumento e práticas de treinamento*. Petrópolis: Vozes, 2008.

MAILHIOT, G. B. *Dinâmica e gênese dos grupos*. São Paulo: Duas Cidades, 1991.

MARÉ, P. B. *Perspectivas em psicoterapia de grupo*. Rio de Janeiro: Imago, 1974.

MILITÃO, Rose & MILITÃO, Albigenor. *Vitalizadores*. Rio de Janeiro: Qualitymark, 2001.

MILLS, T. *Sociologia dos pequenos grupos*. Trad. Dante Moreira Leite. São Paulo: Pioneira, 1970.

MINICUCCI, Agostinho. *Dinâmica de grupo: teorias e sistemas*. São Paulo: Atlas, 1991.

_________. *Técnicas do trabalho de grupo: condução de reuniões, entrevistas e estudo dirigido, mesa-redonda e estudo de casos, simpósio e conferência, organização de congressos*. São Paulo: Atlas, 1992.

MIRANDA, Simão de. *Oficina de dinâmica de grupos para empresas, escolas e grupos comunitários*, vol. 2. Campinas: Papirus, 2000.

MOREIRA, M. A. & LEVANDOWSKI, C. E. *Diferentes abordagens ao ensino de laboratório*. Porto Alegre: Editora da Universidade Federal do Rio Grande do Sul, 1983.

MOSCOVICI, Fela. *Desenvolvimento interpessoal: treinamento em grupo*. Rio de Janeiro: José Olympio, 2008.

NEIVA, Kathia M. C. *Intervenção psicossocial: aspectos teóricos, metodológicos e experiências práticas*. São Paulo: Vetor, 2010.

OLIVEIRA, Ari Batista de. "Andragogia: facilitando a aprendizagem". Em *Educação do Trabalhador*, vol. 3, CNI-SESI, 1999.

OSÓRIO, Luiz Carlos. *Psicologia grupal: uma nova disciplina para o advento de uma era*. Porto Alegre: Artmed, 2003.

_______________. "Processos obstrutivos nos sistemas sociais, nos grupos e nas instituições". Em ZIMERMAN, D. *et al. Como trabalhamos com grupos*. Porto Alegre: Artmed, 1997.

PICHON-RIVIÈRE, E. *O processo grupal*. São Paulo: Martins Fontes, 2000.

PINHEIRO, Beatriz. *O visível do invisível: a comunicação* não verbal na dinâmica de grupo. São Paulo: Casa do Psicólogo, 2002.

RABAGLIO, Maria Odete. *Seleção por competências*. São Paulo: Educator, 2001.

ROSAMILHA, Nelson. *Psicologia do jogo e aprendizagem infantil*. São Paulo: Pioneira, 1979.

SARRIERA, J. C. *et al.* "Intervenção psicossocial e algumas questões éticas e técnicas". Em SARRIERA J. C. (coord.). *Psicologia comunitária: estudos atuais*. Porto Alegre: Sulina, 2000.

SCHUTZ, W. C. *O prazer: expansão da consciência humana*. Rio de Janeiro: Imago, 1974.

___________. *Profunda simplicidade: uma nova consciência do eu interior*. São Paulo: Ágora, 1989.

SILVA, Maria Júlia Paes da. *Comunicação tem remédio: a comunicação nas relações interpessoais em saúde*. São Paulo: Gente, 1996.

STEVENS, John O. *Tornar-se presente: experimentos de crescimento em gestalt-terapia*. São Paulo: Summus, 1998.

WAAL, Paula de & TELLES, Marcos. "A andragogia (Knowles)". Em *DynamicLab Gazette: reflexões sobre a aprendizagem online*, 2004. Disponível em http://dynamiclab.com/moodle/mod/forum/discuss.ptp?d=431. Acesso em 22 jan. 2014.

YOZO, Ronaldo Yudi K. *100 jogos para grupos: uma abordagem psicodramática para empresas, escolas e clínicas*. São Paulo: Ágora, 1996.

Sites consultados

GONÇALVES, Susana Maria e Almeida. *Formação e funcionamento dos grupos: elementos introdutórios*. Disponível em http://esec.ptJ—susan&Publicacoesfiles/susanaPDF/psisoceduc.pdN. Acesso em 25 maio, às 21h18.

HAMZE, A. *Andragogia e a arte de ensinar aos adultos*. Disponível em http://www.educador.brasilescola.com/trabalho-docente/andragogia.htm. Acesso em 27 out. 2013.

LISONDO, Héctor Rafael. *Uma ruptura cultural através do coaching grupal: estudo de caso*. Disponível em http://www.institutolisondo.com.br/Docs/Uma%2oruptura%2oatraves%20de%20coaching.pdf. Acesso em 27 out. 2013.

PRETTO, Fernando Natal de. *Pedagogia participativa na formação de administradores*. Tese de doutorado em administração. São Paulo: Programa de Pós-graduação da Faculdade de Economia, Administração e Contabilidade da Universidade de São Paulo, 2007. Disponível em http://www.teses.usp.br/teses/disponiveis/12/12139/tde-20042007-085536/pt-br.php. Acesso em 27 out. 2013.

SOUZA, Vanessa A. de & ROSA, Alexandre Reis. Políticas públicas e a construção da identidade nas relações de trabalho. Em: *Civitas*, Porto Alegre, 5 (1), jan./jun. 2005. Disponível em http://revistaseletronicas.pucrs.br/ojs/index.php/civitas/article/viewFile/4 1. Acesso em 27 out. 2013.

Maria Cristina P. Gattai é consultora associada do Senac São Paulo há dezesseis anos, no qual desenvolve programas de treinamento presencial, semipresencial e a distância, cliente oculto, processos seletivos, sistemas de remuneração e de avaliação de desempenho por competências. Especialista em psicologia organizacional, é doutora em psicologia social e do trabalho e mestre em comunicações pela Universidade de São Paulo. Atua como docente nos departamentos de Psicologia Social e Administração de Empresas da PUC-SP, na qual também exerce o cargo de coordenadora da Central Geral de Estágios. É diretora adjunta de cursos da Associação Brasileira de Medicina Psicossomática, diretora financeira da Fundação Aniela e Tadeusz Ginsberg e proprietária da Gattai Treinamentos, consultoria de RH com projetos desenvolvidos em empresas públicas, privadas, nacionais e multinacionais.